Heißerer · Die Maxhöhe

Dirk Heißerer

Die Maxhöhe

Vom Dampfschiff zum Windrad

*Ein Beitrag zur jüngeren Kulturgeschichte
am Starnberger See*

Siegfried Genz Verlag

© Siegfried Genz Verlag,
Berg am Starnberger See 2002
Alle Rechte vorbehalten

Fotos: Johannes Zeitlmann, Starnberg
Gesamtherstellung: Huber KG, Dießen am Ammersee
Printed in Germany
ISBN 3–935736–04–5

Inhalt

Vorwort

Die vorliegende Kulturgeschichte der Maxhöhe verdankt sich einem Auftrag des Siegfried Genz Verlags anlässlich der Feiern zum 100. Geburtstag des Landkreises Starnberg im Herbst 2002. Der Wunsch war, markante Aspekte dieser mit dem Landkreis etwa zeitgleichen Kulturgeschichte darzustellen und der Öffentlichkeit zudem ein Bild der aktuellen Situation um den Enzianhof zu geben.

Diese Aufgabe lag für den Autor buchstäblich auf dem Weg. Auf seinen beliebten literarischen Spaziergängen, die ihn und seine Gäste durch die Landschaft von Oskar Maria Graf und speziell über die Maxhöhe geführt haben, wurden immer wieder Fragen aus den einzelnen Gruppen laut, was es nun mit der Maxhöhe und dem Großgrundbesitzer Siegfried Genz auf sich habe, warum dort ein Windrad und ein Mörserturm stehe und warum es immer wieder so viel Aufhebens um dieses schöne Stück Erde gebe. Der Autor ersuchte daher um einen Besuch auf dem Enzianhof, erhielt dort alle erforderlichen Auskünfte und weitete seine bekanntermaßen gründlichen Recherchen auch auf die Umgebung aus.

Sein Buch, über das ich mich aufrichtig freue, schließt an die erfolgreichen literarischen Erkundungen am Starnberger See an, deren mittlerweile bereits geflügelter Titel »Wellen, Wind und Dorfbanditen« mir vom ersten Augenblick an ganz besonders zugesagt hat. Ich verbinde mit dem schönen Buch die Hoffnung, dass sich die weiteren Gespräche über die Zukunft der Maxhöhe dank dieser so ansprechend aufbereiteten Informationen in einer entspannten und freundlichen Atmosphäre fortsetzen lassen, damit wir uns alle der wunderschönen Umgebung, in der wir leben, noch möglichst lange und intensiv erfreuen mögen.

Siegfried Genz
Innsbruck, im Mai 2002

Einleitung

Die Umgebung der Maxhöhe ist noch immer bekannter als sie selbst. Weithin sichtbar ist seit fünf Jahrhunderten der Turm der Pfarr- und Wallfahrtskirche Mariä Himmelfahrt im nahen Aufkirchen (1500) Ein Kreuzweg mit 14 Stationen, gestiftet vom königlichen Hofbaurat Johann Ulrich Himbsel, führt seit 1856 von Leoni hinauf nach Aufkirchen. Leoni wiederum hat seinen Namen nach einem einstigen italienischen Sänger namens Giuseppe Leoni, der hier um 1827 mit seiner Frau Rosina in einer kleinen Villa ein bald sehr gefragtes Restaurant eröffnete. Die vielen Besucher, die zunächst in kleinen Ruderkähnen von Starnberg aus über den See gebracht wurden, wollten »zum Leoni« und nach »Leonihausen«. Der alte Ortsname Assenbuch verschwand nach und nach, erst recht und endgültig, als das erste Dampfschiff »Maximilian« ab 1851 auch in »Leoni« anlegte.

Ehe der königliche Hofbaurat Johann Ulrich Himbsel Dampfschiff und Eisenbahn an den See brachte, hatte er in Leoni bereits 1827 und 1842 zwei Häuser gebaut. Das zweite, stattlichere der beiden, einen schlossartigen Bauernhof, ließ er sich von berühmten Malern schmücken, darunter Wilhelm von Kaulbach, Moritz von Schwind und Carl Rottmann. Nach ebendiesem Carl Rottmann, einem der größten Landschaftsmaler des 19. Jahrhunderts, befreundet mit Himbsel ebenso wie mit dem Gastwirt Leoni, hat die oberhalb von Leoni gelegene Rottmannshöhe ihren Namen. Auf dem schönen Aussichtspunkt entstand später ein Waldhotel gleichen Namens, das vom Seehotel in Leoni aus per Seilbahn erreichbar war und, anders als das Seehotel, heute noch immer steht. Am Ostufer des Starnberger Sees sind also mit Leoni und Rottmann zwei Familiennamen zu Flurnamen geworden. Der Kreuzweg von Leoni nach Aufkirchen wiederum ist heute ein eigener Ortsteil der Gemeinde Berg; und auch der berühmte Bismarckturm unterhalb des Waldhotels »Rottmannshöhe« bildet noch immer eine Attraktion – ganz im Gegensatz zur nahen Maxhöhe, von der nur vermutet werden kann, woher sie ihren Namen hat.

Die Maxhöhe spielte lange keine besondere Rolle in der Umgebung, »niemand beachtete die ›Maxhöher‹« (Oskar Maria Graf). Das ist heute anders. Der Höhenzug auf dem Weg von Starnberg über Berg und Aufkirchen nach Wolfratshausen ist nicht nur ein Wohngebiet mit imponierenden Eigenheimen und berühmten Anwohnern. Die Maxhöhe, und darauf das große Anwesen um den Enzianhof des diplomierten Flugzeugingenieurs und Unternehmers Dr. h.c. Siegfried Genz, gibt in neuerer Zeit Anlass zu lebhaften Diskussionen über alternative Energieformen, vom Windrad über Solarzellen bis zum Wasserstoff. Diese Überlegungen stehen am Starnberger See in einer bestimmten Tradition.

Die Landschaft der Fischer und Bauern am Starnberger See erfuhr Mitte des 19. Jahrhunderts mit der Einführung von Dampfschiff und Eisenbahn eine tiefgreifende Veränderung. Der aufkommende Tourismus konfrontierte die jahrhundertelang gleich gebliebenen Lebensgewohnheiten der Fischer und Bauern in der Gegend mit neumodischen Hotels, Restaurants und Cafés. Der Bau einer Seilbahn ganz in der Nähe der Maxhöhe vom Seehotel Leoni zum Waldhotel auf der Rottmannshöhe wurde 1898 als Zeichen des Fortschritts gefeiert, ihr Niedergang im Ersten Weltkrieg nachdrücklich bedauert.

Die heutige Situation einer Mischung von Resten der alten bäuerlichen Lebensformen mit großbürgerlichen Villen und modernen Wohnhäusern in einem vor allem durch das Auto erreichbaren Naherholungsgebiet zwischen München und Wolfratshausen steht vor den Fragen nach der zukünftigen Entwicklung. Eine wichtige Rolle spielt dabei die alternative Energie. Ihre Nutzung eröffnet möglicherweise ebenso eine neue Epoche wie einst Dampfschiff und Eisenbahn. Das spektakuläre Energieprojekt auf der Maxhöhe mit dem herausragenden Windrad soll dazu Natur-, Kultur- und Industriegeschichte in eigenen Kunst- und Naturalienkammern zugänglich machen. Die Reihe der leider eingestellten Jahrbücher, die unter dem Titel »Vom Einbaum zum Dampfschiff. Schiffahrt und Fischerei in Bayern«, herausgegeben vom »Förderverein Südbayerisches Schiffahrtsmuseum e. V. Starnberg«, von 1981 bis 1999 erschienen sind, hätte demnach schon längst durch ein Themenheft »Vom Dampfschiff zum Windrad« ergänzt werden müssen. Die vorliegende Studie will die überfällige Diskussion auch in dieser Richtung eröffnen.

Kulturgeschichte alt: Lorenz Westenrieder

Bei dem etwas kühnen Unterfangen, eine Kulturgeschichte der abgelegenen Maxhöhe zu schreiben, befindet man sich zum Glück in allerbester Gesellschaft. Der erste kulturgeschichtlich Reisende am Starnberger See war 1783 der bayerische Gelehrte und Aufklärer Lorenz Westenrieder (1748–1829). Seine ausführliche »Beschreibung des Wurm= oder Starenbergersees und der umherliegenden Schlößer« von 1784 wertet die bis dahin nur zu Fuß oder zu Pferd erreichbare Seelandschaft vor den Toren Münchens auf. Der lange auch von den Geologen mit Blick auf die letzte Eiszeit benutzte Name »Würmsee« für das Gletschergewässer wurde übrigens erst 1962 durch den amtlichen Namen »Starnberger See« abgelöst. Für Westenrieder eröffnet sich von Starnberg aus eine ideale Landschaft, mit geradezu therapeutischen Aussichten und Wirkungen: »So weit offen und groß der Anblick ist: so enthält er doch nichts Wildes, noch Fürchterliches, sondern, wo das Aug sich hinwendet, genießt es einen lauteren Jubel, und eine ununterbrochene Heiterkeit von Ende zu Ende. Die ganze Natur umher ist fröhlich, sanft und gefällig, und entfernet mühsame Gedanken, und schwülstigen Pracht. Ein süßer Schauder des Vergnügens hebet das Herz des Stadtbewohners, und mit iedem Blick fühlt er sich leichter, und fühlt aus seiner Seele die Sorge weichen.«

Westenrieders »Beschreibung« ist die Grundlage für alle weiteren Darstellungen der Seelandschaft bis heute geblieben. Die ganz offensichtlich angestrebte Aufwertung der Seelandschaft durch die genaue Vorstellung der zahlreichen Schlösser und Kirchen erfährt ihren Höhepunkt bei den sehr ausführlichen Beschreibungen von Gemälden des Dominichino aus der italienischen Renaissance in Schloss Berg. Von den insgesamt 150 Seiten seines Buches widmet Westenrieder allein 30 diesen Gemälden mit ihren mythologischen Themen. Ein wenig hilft dieses Verfahren auch bei dem vorliegenden Versuch, am Beispiel einiger künstlerischer und literarischer Fundstücke auf der Maxhöhe alte und neue Zeit miteinander zu verbinden. Kulturgeschichte heißt im konkreten Fall der Maxhöhe vor allem, wie ein noch 100 Jahre nach Westenrieder unbesiedelter Höhenrücken am Starnberger See sich in wiederum 100 Jahren geradezu beispielhaft für die Seelandschaft der Gegenwart entwickeln konnte.

Kulturgeschichte neu: Oskar Maria Graf

Wie die Entwicklung weiterging, lässt sich aus einer 160 Jahre nach Westenrieder erschienenen Kulturgeschichte des Ostufers am Starnberger See zwischen Berg und Leoni ablesen. Sie ist Thema der großen Erzählung »Das Leben meiner Mutter« (1946) des selbst ernannten »Provinzschriftstellers« Oskar Maria Graf aus Berg über das Leben seiner Mutter Therese (1857–1934). Geboren ist sie auf dem Heimrath-Hof in Aufhausen, in unmittelbarer Nachbarschaft zur Maxhöhe. Zum nahen Gut Aufhausen gehörte lange das Försterhaus auf der Maxhöhe, das bis heute als Haus »Maria Waldrast« im Besitz der Familie von Godin erhalten ist. Wenn der Hauptschauplatz in Oskar Maria Grafs großer Erzählung vom Leben seiner Mutter zwischen Aufhausen, Aufkirchen, Berg, Leoni und der Maxhöhe räumlich auch sehr überschaubar bleibt, spannt sich zeitlich in der Erzählung doch ein großer Bogen vom Dreißigjährigen Krieg über die industrielle und bürgerliche Revolution bis in die ersten Jahrzehnte des 20. Jahrhunderts. Dabei wird das bäuerliche Leben aus der Sicht der so genannten kleinen Leute geschildert.

Die Lebensgeschichte der Therese Graf spielt in entscheidenden Passagen auf der Maxhöhe. Es geht dabei um die erste Bauspekulation des berüchtigten »Kastenjakl«. Der ist dabei weniger der legendäre Großonkel und Ahne, als vielmehr der Typus des rücksichtslosen Unternehmers, der für seine Ziele buchstäblich über Leichen geht, und damit ein, wie Graf das nennt, »sinnfälliges Beispiel« nicht nur für die damaligen Zeiten darstellt. Graf schildert anschaulich und unverblümt, was sich alles aus der Kollision des bäuerlichen Lebens mit städtischen Plänen entwickeln konnte. Bleibt zu fragen, was von den dargestellten Strukturen sich eventuell bis heute erhalten hat. Was ist nach dem Zweiten

Weltkrieg in der Landschaft geschehen? Welches Bewusstsein für Vergangenheit und Zukunft lässt sich heute hier erkennen? Ist gar, zumal wenn man Grafs Geschichte »Die Firmung« vom Baron Minor auf der Maxhöhe liest, alles schon einmal da gewesen? Wiederholt sich die Geschichte nur? Oder gibt es Neues? Auf jeden Fall gibt die Revision des Vergangenen, im Vergleich mit dem Aktuellen und möglichen Zukunftsaspekten, zumal im Jahr der Feiern zum 100-jährigen Jubiläum des Landkreises Starnberg, für die in dieser Form noch nicht dargestellte Maxhöhe noch einiges Interessante her und ist vielleicht sogar nicht nur für ihre unmittelbaren Anwohner interessant.

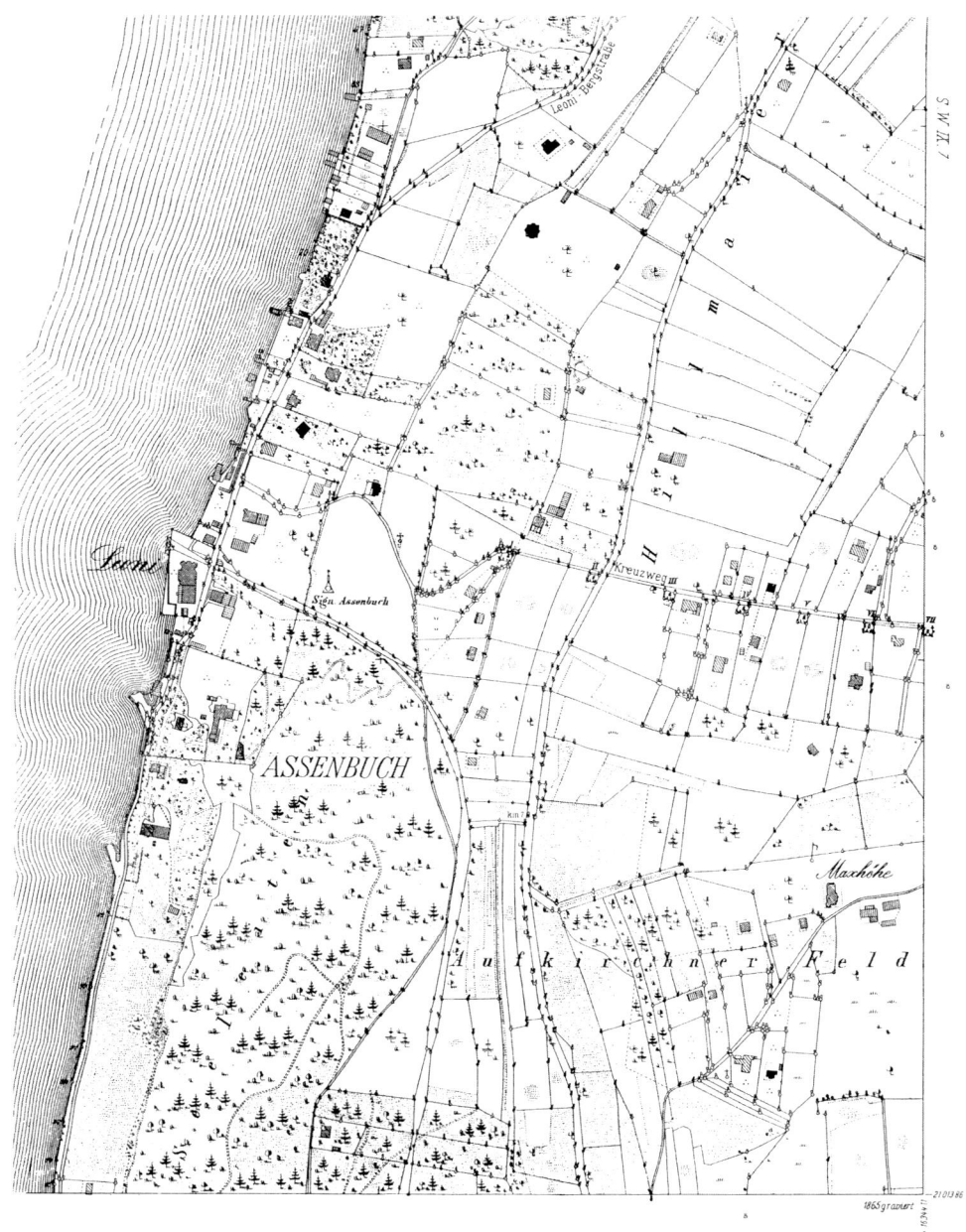

Die erstmals 1865 angelegte Flurkarte dokumentiert in der Fassung von 1960 auch die erste Einzeichnung der »Maxhöhe« (1887). Staatsarchiv München.

Der Name Maxhöhe

Die Herkunft des Namens »Maxhöhe« ist ungewiss. In einer älteren Broschüre der Gemeinde Berg heißt es zwar, der Name sei auf König Maximilian II. von Bayern zurückzuführen. Der König sei »in seinen Mannesjahren oft nach Schloß Berg« gekommen und habe »die nähere und weitere Umgebung gut« gekannt, »so auch die nach ihm benannte Anhöhe, zu der ihn mancher Spaziergang oder Ritt geführt haben mag«. Doch dafür gibt es, anders als bei der König-Max-Höhe im Luftkurort Kellberg nahe Passau, keine Belege. Freilich ist die Vermutung nicht ganz abwegig. Bei mehreren nachweisbaren Besuchen von Schloss Berg,

Schloss Berg, Ansichtskarte, um 1900. König Maximilian II. hatte das Schloss aus dem Jahr 1640 zwischen 1849 und 1351 im Stil der englischen Tudorgotik mit Ecktürmen und einem Zinnenkranz umbauen lassen. König Ludwig II. ließ 1865 den im Hintergrund erkennbaren »Isoldenturm« (mit Fahnenmast) ergänzen.

das Maximilian II. im Stil der englischen Gotik um 1850 verändern ließ, wird der naturverbundene König sicher auch seine Umgebung wahrgenommen haben. Verstärkt wird diese Vermutung noch durch romantisch-pathetische Formulierungen wie die des Experten Michael Dirrigl in seinem Standardwerk zu »Maximilian II., König von Bayern« (1984): »Schloß Berg war – gleich Hohenschwangau – kein monumentaler Fürstensitz, sondern als Landaufenthalt gedacht, für den König und seine Familie; kein Lustschloß also, nur eine romantische Burg. Maximilian war glücklich und beglückt an solchem Ort, nah dem wogenden Waldgeraune, nah dunklen Tannen am Sagenstein, umrauscht von Geschichte.« Doch solch ein historisches Schwärmen reicht für einen Nachweis der Namensherkunft nicht aus. Ganz im Gegenteil.

König oder Herzog Max?

Die Antwort auf eine entsprechende Anfrage im Geheimen Hausarchiv des Hauses Wittelsbach verstärkt noch die Vorbehalte. Wenn überhaupt, dann sei aber noch lange nicht klar, nach welchem Mitglied des Hauses Wittelsbach die Namensgebung »Maxhöhe« erfolgt sei. König Maximilian II. (1811–1864) war 1874, zum Zeitpunkt der ersten nachweisbaren Benennung des Bergrückens, bereits zehn Jahre tot. Wäre sein Name gemeint gewesen, hätte es sich allenfalls um eine posthume Ehrung handeln können, die aber sehr in Frage zu stellen ist, denn »persönliche Beziehungen des Königs zu der Örtlichkeit sind dann nicht unbedingt vorauszusetzen, zumal der König als Sommeraufenthalt das von ihm erbaute Schloss Hohenschwangau und nicht Schloss Berg bevorzugte«.

Eine zweite Möglichkeit wäre, »dass Herzog Maximilian in Bayern (1808–1888), das Haupt der Herzoglichen Linie des Hauses Wittelsbach, als ›Taufpate‹ für die Maxhöhe gedient hat, zumal der Herzog als Vater der Kaiserin Elisabeth von Österreich, als Förderer der Volksmusik (›Zithermaxl‹) und als Besitzer von Schloss Possenhofen sich in Oberbayern und besonders in der Gegend um den Starnberger See großer Popularität erfreute« (Auskunft von Archivoberrat Dr. Gerhard Immler vom 11. Oktober 2000). Diese Vermutung lässt sich noch durch Angaben des Grafen Rambaldi in der Festschrift der Pfarrei Auf-

Schloss Berg heute. Die Ergänzungen wurden um 1950 wieder zurückgenommen.

kirchen von 1900 verstärken. Herzog Max in Bayern war demnach seit 1837 Besitzer von Schloss Kempfenhausen und stiftete 1844 der dortigen Kirche einen am Heiligen Grab in Jerusalem geweihten Rosenkranz.

Eine dritte Möglichkeit zur Namensherkunft der »Maxhöhe« ergäbe sich schließlich aus der Verbindung der beiden angesprochenen Maximilians. Vielleicht sollte der Bergrücken durch den Namen »Maximilianshöhe« ebenso aufgewertet werden wie die nahe »Rottmannshöhe«, auf der 1875 das Hotel gleichen Namens errichtet wurde, durch den Namen des berühmten Landschaftsmalers. Vielleicht spielt auch der Name des ersten Dampfers »Maximilian« mit hinein. Die schöne und weite Aussicht über den See zum Ufer hinter der Roseninsel, wo die bewegenden Schlossbaupläne König Maximilians II. durch seinen plötzlichen Tod 1864 ein abruptes Ende gefunden hatten, oder der Blick etwas weiter hinauf zum Schloss Possenhofen des Herzogs Max in Bayern könnten beide erst recht als Anreiz für eben diejenigen neuen Anlieger der »Maxhöhe« gedacht gewesen sein, für die der Maurermeister Joseph Hupfauer 1872 ein erstes Haus dort oben errichtete.

Den Recherchen im Staatsarchiv München zufolge lässt sich der Name »Maxhöhe« auf der 1865 erstmals vom Bayerischen Kataster-Bureau (dem späteren Bayerischen Landesvermessungsamt) erstellten und 1867 revidierten Flurkarte nicht feststellen. Am Seeufer liegt bereits »Leoni«, während der alte Ortsname »Aßenbuch« etwas abseits davon wie ein Flurname erscheint. Oberhalb von Leoni liegt das »Aufkirchner Feld«. In der folgenden revidierten Flurkarte von 1887 ist die »Maxhöhe« dann als Teil ebendieses »Aufkirchner Feldes« der Steuergemeinde Höhenrain eingetragen. Nachdem sich auch in der vierteiligen Dokumentation von Hans Rudolf Klein über »Berg am Starnberger See mit seinen historischen Ortschaften« (1998) leider nichts Näheres über die Maxhöhe findet, da, wie der Autor mündlich mitteilt, dieser jüngere Siedlungteil der Gemeinde Berg kein historischer Ort sei, müssen die Kataster befragt werden. Sie geben zum Glück erfreulich weitere Aufschlüsse.

Die entsprechende Flurnummer 1399 $^1/_2$ war zunächst nur ein »großer Berg« mit einer »Wiese«. Der Maurermeister Joseph Hupfauer aus Berg kaufte diesen Grund am 2. Dezember 1872 von Johann Sebald in Oberallmannshausen und ließ dort bis 1874 ein Wohnhaus errichten, das die Hausnummer »$^1/_2$ Maximilianshöhe«, später »Nr. 5« erhielt (Staatsarchiv München, Kataster 25490). Die erste Käuferin des Hauses war am 22. August 1874 eine gewisse Anna Leyde; sechs Jahre später erwarben der Kammersänger Eugen Gura und seine Frau Therese das Anwesens. Wie Gura in seinen Erinnerungen schreibt, gehörte der Name »Maxhöhe« zu eben demjenigen »Bergrücken«, auf dem er das Haus vorfand und kurz nach dem Kauf durch den markanten Turm verändern ließ. Die »Villa Gura« war dann lange in den frühen Katastern (Nrn. 25486–25491) das einzige Haus auf der »Maximilianshöhe«. Der Flurname aus neuerer Zeit, aus welchem Grund auch immer dem Bergrücken in der zweiten Hälfte des 19. Jahrhunderts verliehen, wurde allerdings nie richtig offiziell. In den amtlichen Ortsverzeichnissen taucht die »Maxhöhe« jedenfalls fast gar nicht auf. Nur in einer Meldung der Gemeinde Höhenrain vom 11. September 1900 an das kgl. Bezirksamt München II im Zusammenhang einer »Neubearbeitung eines Ortschaftenverzeichnisses« wird der Name kurz in einer »Übersicht der zur Landgemeinde Höhenrain gehörigen Bestandteile von Ortschaften, Weilern und Einöden« erwähnt. Dort heißt es unter Nr. 4: »Name: Sibichhausen; Charakter: Weiler; Pfarrei, Standesamt, Schule, Post: Aufkirchen; Bemerkungen: heißt teilweise Maxhöhe« (LRA 42723). Außerdem ist die »Maxhöhe« im »Ortsverzeichnis von Bayern« (1925 herausgegeben vom Verkehrsamt der Abteilung München des Reichspostministeriums) als Einöde eingetragen. Die Villa Gura, der dazu gehörende Bauernhof und ein stattliches Grundstück von 120.000 qm gelangten nach mehrfachem Besitzerwechsel 1953 als großes »Gut Maxhöhe« an drei Erben, die es im Laufe der Jahrzehnte immer mehr parzellierten. Der Name Maxhöhe wurde schließlich ein Straßenname. Die »Maxhöhe« verbindet die Staatsstraße 2065 im Abschnitt »Berger Straße« mit dem »Kreuzweg«, führt an der »Villa Gura« vorbei und überquert dabei den ganzen »großen Berg«, dem sie einst den Namen gegeben hat.

Eingang zur Villa Gura.

Sommerfahrplan von 1901 mit einer Ansicht des Salondampfers »Luitpold«.

Dampfschiff und Eisenbahn.
Unternehmer im 19. Jahrhundert
am Starnberger See

Der Weg vom Dampfschiff zum Windrad am Starnberger See lässt sich noch besser nachvollziehen, wenn man das Augenmerk auf die imponierende Reihe ortsansässiger erfolgreicher Unternehmer besonders im 19. Jahrhundert legt. Man kann damit sogar schon viel früher beginnen, mit dem legendären »Bucintoro, dem kurfürstlichen Märchen- und Wunderschiff, das inmitten einer pittoresken Lustarmada auf dem Starnberger See schwamm, und das widerhallte von Gesang und süßer Musik« (Wolf). Der Bucintoro oder »Bucentaur«, erbaut 1663 durch den Kurfürsten Ferdinand Maria und seine Frau Henriette Adelaide, war eine Nachbildung des venezianischen Goldschiffs »buzo d'oro«, mit dem der Doge einmal im Jahr, an Mariä Himmelfahrt am 15. August, auf das Meer hinausfuhr und dort einen wertvollen Ring ins Wasser warf, um so die enge Verbundenheit der Republik Venedig mit dem Meer zu unterstreichen. Am Starnberger See warf man vom »Bucentaur« aus zwar keinen Ring ins Wasser, ließ sich aber durch Hundemeuten vom Berger Ufer zwischen zwei waidgerecht aufgestellten Holzzäunen Wild ins Wasser jagen, am besten einen kapitalen Hirsch vornweg, der dann kurfürstlich vom Schiff aus mit der Flinte erlegt werden konnte. Diese Veranstaltung war tatsächlich ein großes Unternehmen: Wenn der »Bucentaur« und seine Begleitschiffe zur Jagd oder zur bloßen Lustfahrt ausfuhren, befanden sich allein auf dem Prunkschiff mit Ruderern und Musikanten rund 500 Personen, insgesamt aber 2000 Menschen auf dem See, zu einer Zeit, da der größte Ort Starnberg gerade einmal 200 Einwohner hatte. Nachts gab es ebenfalls Lustfahrten, bei denen die Schlösser Possenhofen und Berg mit Phosphorstangen beleuchtet wurden. Doch der schöne Spuk war 1759 vorbei. Der »Bucentaur«, der als schwimmendes Kunstwerk zahllose Handwerker und Künstler mit wohl dotierten Aufträgen versorgt hatte, übrigens so sehr, dass aus den erhaltenen Rechnungen das Schiff bis ins kleinste Detail für eine Dissertation rekonstruiert werden konnte, dieses Flaggschiff für ein kurfürstliches Großunternehmen wurde 1759

Maximilian Geer (1680–1768): Seejagd und Bucentaur vor Schloss Berg ...

abgewrackt, und bis auf ein schönes Deckengemälde mit einer »Aurora«-Darstellung, eine Lampe und den imposanten Bucentaur-Stadel auf dem Gelände des Bayerischen Yacht-Clubs ist heute alle Pracht dahin.

Gastronom Giuseppe Leoni: Von der Villa zum Seehotel

Weiter geht es mit dem tüchtigen Sänger und Gastronomen Giuseppe Leoni, der 1825, also noch vor Dampfschiff und Eisenbahn, im einstigen Assenbuch mit seiner Frau Rosina aus einer ererbten Villa unter dem Namen »Leonihausen« ein derart erfolgreiches kleines Hotelrestaurant machte, dass sich die Gäste eigens in Ruderkähnen von Starnberg

... Zwei Aquarelle, um 1730. München, Residenzmuseum.

»zum Leoni« hinüberrudern ließen. Der Reiseschriftsteller Adolph von
Schaden hat 1832 die »allerliebste, im italienischen Geschmacke angelegte und mit einem bedeckten Balkone versehene Villa«, die zudem mit
so genannten »englischen Parthien«, also einem gepflegten Wildwuchs,
umgeben war, näher beschrieben: »Das Innere der Villa ist höchst ge-
schmackvoll eingerichtet und hat mehr Raum, als der Schein hoffen
läßt. Im Erdgeschoße befindet sich der freundliche Speise= und in der
Belle=Etage der Konversationssaal und etliche Gastzimmer. Aus dem
Konversationssaale tritt man auf den sehr geräumigen Balkon, von welchem aus man der herrlichsten Aussicht genießt, und mit Herrn *Leoni's*
trefflichem Fernrohre selbst in dem weit entlegenen Gebirge Gegenstän-
de unterscheiden kann.«

23

Carl August Lebschée (1800–1877): Morgendliche Überfahrt der Pilger von Possenhofen nach Leoni und Aufkirchen, Ölgemälde, 1850. Privatbesitz. Zu sehen ist die Villa Leoni (mit rauchenden Kaminen) sowie rechts davon die beiden Häuser von Johann Ulrich Himbsel. Auf der Höhe sind die Kirchen von Aufkirchen (Mariä Himmelfahrt) und Berg (St. Johann Baptist) zu erkennen.

Sogar König Ludwig I. habe bei seinem Besuch im selben Jahr die Wahl des Platzes und die schöne Aussicht besonders gelobt. Tatsächlich, so bestätigt der Autor, sei »das Lust=Haus (...) so vortheilhaft situirt«, dass nahezu alle Ufer von dort zu überschauen wären. Schließlich geht die Beschreibung des gastfreundlichen Häuschens in einen veritablen Werbetext über, den sogar ein Vierzeiler krönt: »Man findet in *Leonihausen* schöne Zimmer, herrliche Betten und eine Bedienung, welche nichts zu wünschen übrig läßt; bei günstiger Witterung versammelt sich hier viele Gesellschaft aus den gebildeten Ständen der Haupt= und Residenzstadt *München*; es wird *table d'hôte* gespeist, und Madame *Leoni* sucht als Köchin ihres Gleichen; überhaupt fühlt man sich in *Leonihausen* bald heimisch, und man glaubt nicht in einem Gasthause, sondern im Zirkel einer befreundeten Familie zu leben. Herr *Leoni* überreicht den Fremden Karten, auf welchen die Villa, in Kupfer ausgeführt, dargestellt ist und die Worte zu lesen sind: ›Erfrischung; Aufenthalt mit Freundlichkeit gepaart; / Ein unbeschränktes Thun, nach Jedes eigner Art; / Und den Naturgenuß vom schönsten Standpunkt aus – / Erbiethet, sonder Zier, dieß freundlich=kleine Haus.‹«

24

Seehotel Leon_. Ansichtskarte, um 1920.

Ludwig Steub kennt die weitere Entwicklung: »Und so blühte es manche Jahre, wurde allerdings immer demokratischer, artete zuletzt soweit aus, daß es seine Hallen sogar dem gewöhnlichen Publikum öffnete, bis Leoni starb, worauf seine Wittwe die Wirtschaft fortführte bis auf den heutigen Tag. Das Häuschen sieht noch immer vielen Besuch bei sich, obwohl manche schätzbare Tradition aus der guten alten Zeit verloren sein soll.« Das »Häuschen« wurde in den 1880er-Jahren durch den Neubau eines großen Seehotels ersetzt, das um 1900 Oskar Strauch und seine Frau Anna führten. Ende der 1970er-Jahre verschwand das alte Seehotel mit den beiden Türmchen zugunsten eines für die Gegend untypischen Flachdach-Kastenbaus, der erst zur Hotelkette »Dorint« gehörte und vor kurzem vom Präsidenten des Fußballvereins 1860 München erworben wurde. Auch eine Unternehmergeschichte am Starnberger See, durch immerhin 175 Jahre – von 1825 bis heute.

Noch einmal zurück ins frühe 19. Jahrhundert. Nachbar Leonis wird schon 1827 der kgl. Hofbaurat Johann Ulrich Himbsel (1787–1860). Er setzt in den 1820er-Jahren die genialen Pläne des Architekten Leo von Klenze, der München im Auftrag König Ludwigs I. ins klassizistische »Isar-Athen« verwandeln soll, tatkräftig und erfolgreich in die Tat um. Himbsel errichtet beispielsweise das Konzerthaus »Odeon« und den gegenüberliegenden Basar an der Ludwigstraße, aber auch Schulgebäude, die inzwischen untergegangen sind. Die Entdeckung des Starnberger Sees als Naherholungsgebiet und die Entstehung der kleinen Villenkolonie in Leoni lassen den Baurat 1837 den Antrag für den Bau eines Dampfschiffs auf dem Starnberger See stellen. Der Plan findet jedoch die Zustimmung König Ludwigs I. durchaus nicht. In seinem kuriosen Kanzleistil dekretiert der König am 19. Januar 1838: »Die Bereisung einer malerischen Gegend, wie den Würmsee, auf Dampfschiffen entspricht wenigstens dem Zwecke einer pittoresken Reise gewiß nicht.« Und zwei Monate später wandte sich der König noch einmal entschieden sowohl gegen das Dampfschiff als auch gegen die geplante Eisenbahntrasse, die durch den königlichen Park von Schloss Fürstenried hätte führen sollen: »Weder eine Dampfschiffsfahrt auf dem Würmsee noch eine Eisenbahnfahrt durch meinen Park soll statt haben.« Gleichwohl wurde den antragstellenden Unternehmern vom König erlaubt, ihre Pläne weiterhin zu verfolgen.

Der Baurat Himbsel hat die technischen Zeichen der Zeit besonders beim Eisenbahnbau sehr wohl erkannt und engagiert sich bis 1840 erfolgreich beim Bau der zweiten Bahnlinie in Bayern von München nach Augsburg, die wesentlich der Initiative Himbsels zu verdanken ist. Zwei Jahre später errichtet Himbsel in Leoni neben seinem ersten Sommerhaus ein schlossartiges Bauernhaus und lässt zudem das ganzjährig bewohnte Haus von namhaften befreundeten Künstlern als Kunstkammer innen und außen ausschmücken. So hat Wilhelm von Kaulbach dem Haus auf der Seeseite ein imponierendes Gesicht gegeben: Johannes, der Namenspatron des Hausherrn Himbsel, steht im härenen Gewand mit der Fahne, auf der die Buchstaben »E[cce] A[gnus] D[ei]« zu lesen sind, vor einer stilisierten Seelandschaft. Links schützt der hl. Florian das auf-

26

gemalte Haus; rechts hütet der hl. Leonhard die Tiere und unten betet die hl. Ottilie, Namenspatronin der einstigen Hausherrin. Auf der Südseite, von der Straße nicht einsehbar, malte Kaulbach noch eine Madonna, Christus mit Jüngern und einige kluge und törichte Jungfrauen.

Haus Himbsel mit den Fresken Wilhelm von Kaulbachs.

Im Inneren des Hauses führten verschiedene Maler großformatig den Zyklus der vier Jahreszeiten aus; Carl August Lebschée und Carl Rottmann ergänzten dazu die Tageszeiten mit Bildern über den Türen, so genannten Supraporten. Unter den dargestellten Figuren sind zudem Freunde des Hauses wie Franz Graf Pocci und Moritz von Schwind zu erkennen. »Daß es bei solcher gemeinsamer Arbeit«, erinnert sich Josefa Dürck-Kaulbach, »sehr fidel und übermütig zuging, läßt sich denken, besonders, da der gute Hilari-Bolgiano, der kgl. Hofkonfektmeister König Ludwigs I., sein möglichstes tat, um die Künstler bei Laune und gut im Futter zu halten. Jedoch die Hauptperson für leiblichen Speis und Trank blieb immer Frau Leoni selbst, die dickste Frau der Welt, die nur vom Lehnstuhl aus wegen ihrer Körperfülle ihr kleines Reich dirigieren und tyrannisieren konnte. Ihre Tochter Resl dagegen, das häßlichste Frauenzimmer der Welt, war Mädchen für alles und sorgte dementsprechend für die anspruchslosen Gäste.« Himbsels Kunstkammer in Leoni blieb durch die Jahrzehnte ausgesprochen gastfreundlich, und war noch bis Ende der 1970er-Jahre als »Haus Frommel« dank »seiner schönen und ruhigen Lage (...) der ideale Aufenthalt für Erholungssuchende und Großstadtmüde«, wie ein alter Prospekt es anpreist. Das schöne Haus und seine Geschichte beschreibt der heutige Besitzer und Bewohner, Professor Erwin Hipp, in einer eigenen Publikation.

Der »Maximilian«

Nach der Abdankung König Ludwigs I. 1848 zeigt sich dessen Nachfolger König Max II. Joseph dem alten Plan der Einrichtung einer Dampfschifflinie auf dem Starnberger See gegenüber aufgeschlossen. Nach zwölf Jahren Wartezeit erhält Himbsel 1849 endlich die Genehmigung für seinen kühnen Plan, und am 11. Mai 1851 sticht das Dampfschiff

Das einzige historische Foto des »Maximilian«, um 1853.

28

»Maximilian« in Anwesenheit des Königs erstmals in See. Es ist 33 Meter lang, 4,60 Meter breit, hat Platz für 300 Personen, entwickelt eine Dampfkraft von 80 PS und fährt die 21 Kilometer von Starnberg nach Seeshaupt in einer guten Stunde. Der »Festgesang« des Dichters Carl Fernau (d. i. Sebastian Daxenberger, 1809–1878) feiert das Ereignis als technische Zeitenwende am Starnberger See:

Festgesang
zur Eröffnung der ersten Dampfschiff-Fahrt
auf dem Würmsee.

O See, was schmückst du heute dich so hell,
Was treibt so rasch dich heut', o grüne Well'?
Rings wehen Fahnen, Donner rufen laut,
Es nahet Volk, wohin das Auge schaut!

O See, ich weiß warum du so geschmückt,
Und dein Gestad froh in den Spiegel blickt:
Ein neu' Geschmeid hast du dir angethan,
Es legt sich fest um deine Glieder an.

O sanfte Well', es schaut so unbekannt
Die Burg auf dich, das Dorf, das Hügelland,
Wie du so stolz das harte Eisen trägst,
Und deinen Schritt so wunderschnell bewegst!

Und erst, wenn Sturm und böse Wetter nah'n,
Wie wird dein Kleinod dann zum Talisman!
Wie werden hocherstaunt die Ufer steh'n,
Mein See, wenn sie im Sturm es glänzen seh'n!

O schaut, so kühn ist, was der Mensch erschafft,
Er zähmt das Wasser mit des Wassers Kraft;
Ihm dient das Feu'r, er trotzet dem Orkan,
Die schöne Erde ist ihm unterthan.

Jobst Riegel (1821–1871): Partie bei Possenhofen (nach Lebschée). Stahlstich, 1853.
Starnberg, Heimatmuseum.

Erhebt den Blick, und gebt der Freude Raum!
Wie eilt das Schiff bis zu der Fluthen Saum!
Die Fahnen weh'n, Geschütze donnern laut:
Würmsee, mein See, wie bist du mir so traut.

Das Gesicht der Landschaft veränderte sich; die Rauchfahne des »Maximilian« wurde als Zeichen des Fortschritts fröhlich begrüßt, von Umweltverschmutzung war noch lange keine Rede. Und schon bald kamen die Gäste, besonders aus der Stadt, in großen Scharen. Einen guten Eindruck von einer Ankunft städtisch gewandeter Gäste im ländlichen Seeshaupt gibt ein Ölgemälde von Carl Spitzweg, der am 12. September 1856 eine solche »Ankunft in Seeshaupt« vor Ort beobachtet und später im Atelier sogar in zwei Versionen malerisch umgesetzt hat.

   Spitzweg konnte 1856 von Seeshaupt mit dem Schiff nach Starnberg fahren und dort die Bahn nach München nehmen. Das hatte ebenfalls der ruhelose Baurat Himbsel ermöglicht. Bereits 1854 hatte er sein zweites Bauvorhaben dank eines großen Kredits, aber auf eigenes Risiko verwirklicht und konnte die für den Personenverkehr an den Starn-

Carl August Lebschée (1800–1877): Der Dampfer »Maximilian«
bei der Insel Wörth (Roseninsel). Ölgemälde, um 1851. Privatbesitz.

berger See unverzichtbare Bahnlinie von Pasing nach Starnberg eröffnen lassen. Damit waren die Bedingungen für den fundamentalen Wandel der Seegegend in ein attraktives Gebiet der Naherholung und des Tourismus geschaffen. Hotels, Restaurants, Cafés nehmen die Gäste auf, aus dem einen Dampfschiff wurden bis 1890 vier. Die Anlegestelle in »Leoni« verdrängte den alten Ortsnamen Assenbuch endgültig, aber ob der geschäftliche Segen, der vom Dampfschiff »Maximilian« und seinen Nachfolgern ausgeht, sich auch auf die Benennung der »Maximilianshöhe« ausgewirkt hat, kann nur vermutet werden.

Wenige Jahre vor seinem Tod rief Johann Ulrich Himbsel noch eine Stiftung ins Leben, die 1856 den alten Wallfahrtsweg von Leoni nach Aufkirchen mit 14 Kreuzwegstationen aufwertete. Anlass dafür war der herbe Verlust seiner Frau und seines Sohnes durch eine Cholera-Epidemie in München gewesen. Die erste Station steht genau vor dem Kastenjakl-Schlössl, oberhalb der vom See aus sichtbaren Kapelle, die dem hl. Jakob, dem Patron der Pilger, gewidmet ist. Der Hügel südlich des Kreuzwegs, die spätere »Maxhöhe«, ist zu diesem Zeitpunkt in den Flurkarten noch nicht namentlich aufgeführt. Am Ende des Kreuzwegs erinnert im Friedhof von Aufkirchen eine Gedenktafel an den edlen Spen-

Carl Spitzweg (1808–1885): Ankunft in Seeshaupt, Ölgemälde, um 1860.
Schweinfurt, Sammlung Schäfer.

der mit der Inschrift: »In seinen Bauten magst Du seinen Geist erkennen, / Den dankbar viele Arme ihren Vater nennen. / Und Der, den er erbaut des Kreuzwegs Stationen, / Mög' droben ihn mit ew'gen Gütern reichlich lohnen.« Himbsels Initiative sollte sich allerdings schon zu Lebzeiten und sehr irdisch auszahlen, vor allem auch dank königlicher Huld.

König Ludwig II. und das Dampfschiff »Tristan«

König Ludwig II. von Bayern (1845–1886) lebte zwar in einer eigenen, rückwärtsgewandten Welt mit dem großen Vorbild des französischen Sonnenkönigs Ludwig XIV., doch der bayerische König war zugleich sehr aufgeschlossen für die technischen Neuerungen und Möglichkeiten seiner Zeit. Ludwig II. hatte weit reichende Pläne und Visionen, denen die neuesten technischen Errungenschaften seiner Zeit dienlich sein sollten. Die Gründung der Polytechnischen Hochschule 1868 (der heutigen Technischen Universität) in München geht auf den damals 23-jährigen König zurück. Die noch heute für Besucher aus aller Welt attraktiven königlichen Inszenierungen seiner mittelalterlichen Phantasiewelten greifen in den romantischen Schlössern auf seinerzeit modernste technische Erfindungen zurück wie den Speisenaufzug in Herrenchiemsee oder die Siemens-Dynamomaschinen für die Beleuchtung der Grotte in Linderhof. Der größte Traum des Königs ließ sich seinerzeit jedoch noch nicht verwirklichen. Auf dem neuen Flughafen München sitzt König Ludwig II. persönlich in Form einer Statue aus Aluminiumguss und hält ein kleines Flugzeugmodell in der Hand. Das hat seine guten Gründe. Wie ein Mann vom Fach, der Archivar des TÜV Bayern Jean Louis Schlim in seinem kundigen Buch »Ludwigs Traum vom Fliegen« (1995) überzeugend darstellt, hatte der junge König zur Zeit der Hochschulgründung bereits sehr kühne Flugpläne. So wollte er in einer Ballonseilfahrt mit einem Pfauenwagen von Schloss Hohenschwangau über den Alpsee fliegen. Das Projekt konnte damals zwar aus technischen Gründen leider nicht verwirklicht werden, aber allein schon die Idee gehörte dann später zu den vielen Vorwürfen in eben demjenigen psychiatrischen Gutachten, mit dem der König für wahnsinnig erklärt wurde. Hätte es zu

Erich Correns (1821–1877): König Ludwig II. vor dem Dampfer »Tristan«.
Aquarell, 1867. Privatbesitz.

Zeiten König Ludwigs II. bereits Flugzeuge gegeben, wäre er sicher einer der ersten gewesen, die einen Flugschein gemacht hätten.

Dagegen konnte der König seit seinem Amtsantritt 1864 ein bereits 1856 unter seinem Vater König Maximilian II. erbautes Dampfschiff auf dem Starnberger See nutzen, dem der begeisterte Wagner-Freund in Anlehnung an die Oper den Namen »Tristan« gab. Unterhalb von Schloss Berg, für das Ludwig II. an der Nordseite auch einen eigenen »Isolden«-Turm errichten ließ, wurde für das Dampfschiff »Tristan« zum Anlegen sogar eine eigene kleine Hafenbucht eingerichtet, die es noch heute gibt. Der »Tristan« hatte eine Länge von 18 Metern, war fast drei Meter breit, mit den Radkästen sogar fast sechs Meter, und lag damit wohl ziemlich sicher im Wasser. Ein schönes Aquarell zeigt den 22-jährigen König vor seinem Dampfschiff. Das Ende des »Tristan« ist ein wenig unrühmlich: nach dem Tod des Königs 1887 an den Ammersee verkauft, tat das Schiff unter dem Namen »Ludwig« bis 1898 als

34

Schleppschiff auf der Amper und als Zubringer vom Bahnhof Grafrath zur Dampferstation Stegen Dienst, wirkte also touristisch segensreich. Demontiert und zum Schleppkahn degradiert wurde der Schiffsrumpf 1945 im Hafen von Stegen versenkt, von den amerikanischen Besatzern 1951 wieder gehoben und anschließend verschrottet.

Das unrühmliche Ende des »Tristan« steht im schroffen Kontrast zu den segensreichen alten Zeiten. Wie sehr die Anwesenheit der Könige Max II. und Ludwig II. ganz konkret den aufkommenden Tourismus und damit den einheimischen Handel am Starnberger See beflügelten, schildert Oskar Maria Graf bereits in seinem Dorfroman »Die Chronik von Flechting« (1925). Dort heißt es etwas pointiert: »Wirklich einen märchenhaften Aufschwung hatte die ganze Seegegend in der kürzesten Zeit erlebt. In diesem Sommer hatte der König neben seinem Privatdampfschiff noch drei größere für den allgemeinen Verkehr bauen lassen, die nun jeden Tag fahrplanmäßig den See auf- und abfuhren und an allen größeren Uferorten anlegten. Dadurch wuchs der Fremdenzustrom gewaltig an. (...) Aus den einstmals unbeachteten, stillen Dörfern wurden belebte Orte, allen voran Flechting [Berg] und Riemling [Leo-

Zeno Diemer (1867–1939): Der Salondampfer »Ludwig« (später »Tutzing«) bei Gewittersturm. Ansichtskarte, um 1920.

ni], die ja direkt am Königsschloß lagen und selbstredend die meiste Anziehungskraft ausübten. Der Renkmair hatte wahrhaftig recht gehabt: ›So ein König, das war wirklich ein Kapital!‹«

Die Dampfschiff-Flotte vom »Maximilian« bis zur »Seeshaupt«

Graf hat mit seiner Schilderung zwar weitgehend recht, im Detail ist er jedoch zu korrigieren. So setzte nicht der König die neuen Dampfschiffe auf den See, sondern die vom Baurat Himbsel gegründete »Dampfschiffahrt Würmsee«, die 1864 in eine Aktiengesellschaft umgewandelt wurde. Nachdem die »Maximilian« 1884 an den Ammersee verkauft worden war, fuhr als zweites Dampfschiff auf dem Starnberger See die »Ludwig« (nach 1919 »Tutzing«) von 1872 bis 1937. Das wiederum ärgerte eben diejenigen langjährigen Seebewohner, die, wie der »Kasperl«-Graf Franz von Pocci (1807–1876) in Ammerland, den Übergang zwi-

Die Heckfigur des Dampfers »Bavaria« an der Seepromenade in Starnberg.
Ansichtskarte, um 1970.

36

Der Salondampfer »Bavaria« in schwerer See. Ansichtskarte, 1923.

schen der ungetrübten Ruhe am See und dem lärmigen Massentourismus als ganz besonders unangenehm empfanden, noch dazu, wenn sich jetzt Hinz und Kunz in die einst nur dem Landadel vorbehaltene Seelandschaft hineinwagen durfte. In einem humoristischen Vortrag gegen die naturalistische Malerei beklagt sich Pocci noch 1876 über das neue Leben »(...) an dem – man kann wohl nicht mehr sagen ›stillen‹ Starnbergersee, jetzt schon von zwei Dampfschiffen durchfurcht, welche sogar auf die ruhebegehrlichen Renken, wie die der schmalzbestrichenen Glutpfanne des Fischmästers von Ambach gefaßt harrenden anderen Fische inkl. der Sieboldischen von störendstem Einflusse sind, abgesehen davon daß synagogische Beweglichkeit die idyllische Ruhe alteriert, und die friedlichen Völkerschlachten auf den langen Landungsstegen durch das Drängen und Wogen der Aussteigen-Wollenden und nicht Könnenden und der nicht Einsteigen-Könnenden aber Wollenden die Atome der niedrigsten Luft- und Duftschichte in nicht geringer Weise erschüttern, so daß der Denker und Forscher unter fächelnder Weide oder üppig dachender Buche in bedeutende Aufregung versetzt werden dürfte«.

Die MS »Seeshaupt« heute.

Aus Poccis Sicht wurde alles sogar noch viel schlimmer! Zwei Jahre nach seinem Tod folgte der »Ludwig« 1878 die »Bavaria«. Dieser Renaissance-Raddampfer, 51 Meter lang und 12 ½ Meter breit, mit Platz für 1000 Personen, wurde von dem Münchner Bildhauer Lorenz Gedon gestaltet. Im Oktober 1880 gab König Ludwig II. der »Bavaria« in Begleitung seines Adjutanten Freiherrn von Hirschberg auf zwei Rundfahrten am Nachmittag und Abend die große Ehre. Die »Bavaria« wurde zu Beginn des Zweiten Weltkriegs 1940 verschrottet. Das Hoheitszeichen der »Bavaria«, ein Hecklöwe aus Zink, der eine große Fahne in seinen Pranken hielt, steht heute auf der Starnberger Seepromenade beim alten Undosa-Wellenbad. Die zusätzliche Bereitstellung der Dampfschiffe »Wittelsbach« (1886) und »Luitpold« (1890) zeigt, wie groß der Bedarf in wenigen Jahrzehnten geworden war. Die »Luitpold« wurde nach der Revolution 1919 und dem Übergang der Schiffsflotte in Staatsbesitz in »München« umgetauft und fuhr unter diesem Namen bis 1954. Ihre Nachfolgerin ist die »Seeshaupt«, das heutige Prunkschiff der weißen Flotte am Starnberger See. Dazu gehören noch die Schiffe »Berg«, »Bernried«, »Bayern« und neuerdings die kleine »Phantasie«, die seit dem Frühjahr 2002 regelmäßig zwischen Starnberg und dem Buchheim-Museum in Bernried unterwegs ist.

Das Museumsschiff »Phantasie« mit der üppigen Galionsfigur des Chemnitzer Bildhauers Karl-Heinz Richter.

Umschlagzeichnung eines Erfolgstitels von 1872.

Das erste Haus Himbsel von 1827 heute.

Erfolgsautor Friedrich Wilhelm Hackländer

Noch einmal zurück in die Zeit des »Maximilian«. Sechs Jahre nach Himbsels Tod kauft 1866 der Stuttgarter Erfolgsautor Friedrich Wilhelm (seit 1860 Ritter von) Hackländer (1816–1877) das erste Himbsel-Haus als Sommersitz von der Witwe des Augsburger Baumwollfabrikanten Hugo Frommel. Hackländer kann durchaus als literarischer Unternehmer bezeichnet werden, denn der geradezu industriell produzierende Autor brachte es vor allem mit harmlosen Militärhumoresken zu Lebzeiten auf sechzig Bände. Bekannt sind davon heute am ehesten noch die als Parodie auf »Onkel Toms Hütte« gedachten vier Bände »Europäisches Sklavenleben« (1854). Den Publikumsgeschmack traf Hackländer ebenfalls mit den beiden von ihm begründeten Zeitschriften »Hausblätter« (1855–1867) und »Über Land und Meer« (1857–1923), letztere erschien im Verlag von Eduard Hallberger in Stuttgart.

41

Den Starnberger See als Kulisse bemüht Hackländers ebenfalls bei Eduard Hallberger erschienener ausschweifender Künstlerroman »Der Sturmvogel« (1872); die vier Bände sind König Ludwig II. gewidmet.

Verleger und Unternehmer Eduard Hallberger

Kurzer Blick über den See nach Tutzing. Nach Jahrhunderten im gräflichen Besitz bekam das alte Schloss Tutzing 1869 mit dem Stuttgarter Verleger Eduard Hallberger den ersten bürgerlichen Herrn. Eduard Hallberger (1822–1880) war zu diesem Zeitpunkt einer der reichsten Unternehmer Württembergs und befand sich auf dem Höhepunkt seines Erfolgs. Der Sohn des Verlegers Louis Hallberger (1796–1879) hatte 1848 selbst einen Verlag gegründet, der sich erst mit Jugend- und so genannter »Volksliteratur« und dann mit illustrierten Zeitschriften einen eigenen populären Markt erschloss. Vor allem die von Friedrich Wilhelm Hackländer herausgegebene Zeitschrift »Über Land und Meer« wurde neben der »Gartenlaube« das führende deutsche Familienblatt. Für die darin abgedruckten Fortsetzungsromane sorgten erfolgreiche (und heute weitgehend vergessene) Vielschreiber wie Oskar Meding oder der Ägyptologe Georg Ebers, mit dem Hallberger eine lebenslange Freundschaft verband. Die Fusion mit dem väterlichen Verlag 1873 und die im gleichen Jahr gegründete »Deutsche Romanbibliothek«, die wieder Hackländer herausgab, verschafften Hallberger bessere Autoren. Es erschienen jetzt Übersetzungen von Balzac, Zola, Dickens, Tolstoi und Mark Twain; ein großer Bucherfolg wurde der Roman »Ben Hur« (1887) von Lew Wallace. Äußerlich imponierten die aufwändigen Prachtbände etwa für Klassikerausgaben oder für die Bände über Ägypten und Palästina von Georg Ebers. (Ebers erwarb übrigens später das einstige Gästehaus von Schloss Tutzing, das heute als »Midgardhaus« bekannt ist.)

Hallberger, Besitzer mehrerer Papierfabriken, Gründer von Banken und einer Baugesellschaft sowie Teilhaber von Kohlengruben und Eisenhütten, wurde 1869 geadelt und kaufte sich, mehrfach standesgemäß, im selben Jahr Schloss Tutzing mit der Schwaige Rösselsberg am Maistättenwald; wenige Jahre später kamen die Güter Kerschlach und

Monatshausen dazu. Zum Schloss gehörten weiter eine Brauerei und vier Gasthäuser, und das Bier, das in eigenen Kähnen über den See gerudert wurde, fand sogar in München Zuspruch.

Der »fürstliche Besitz« prangte mit allem Luxus. Der von Karl Effner angelegte Park hatte ein Palmenhaus, ein Vogelhaus, einen orientalischen Kiosk und natürlich ein Bade- und Bootshaus. Eine Wagenremise und eine Manege standen den Gästen ebenfalls zur Verfügung. Hallberger selbst hielt per Post und Telegraf ständige Verbindung mit dem Verlag in Stuttgart und konnte auch von seinem Tutzinger Arbeitszimmer aus die Geschäfte führen. Freunde wie der Maler Franz von Lenbach, der ihn porträtierte, die Autoren Georg Ebers und Friedrich Hackländer und viele andere kamen während der Sommerferien zu Besuch und genossen die Annehmlichkeiten. Doch der Preis für den Erfolg war der frühe Tod des Verlegers durch Gehirnschlag am 29. August 1880 in Tutzing. Im Jahr darauf wurde der Verlag in eine Aktiengesellschaft umgewandelt und bekam den Namen »Deutsche Verlags-Anstalt«. Hallbergers Töchter Gabriele (1850–1915) und Helene (1854–1944) einigten sich durch Abfindung über das Erbe. Gabriele bekam das Schloss. In erster Ehe mit dem Bankier Philipp Eichborn verheiratet (ihr Sohn Eduard ist der Vater des heutigen Verlegers Vito Eichborn), ließ sich Gabriele 1880 scheiden und zog sich nach Tutzing zurück, wo sie 1884 den exzentrischen Grafen Carlo Landberg heiratete. Eine Nachlass-Versteigerung nach ihrem Tod zerstreute den Luxus von einst endgültig in alle Richtungen.

Erzgießer und Elektroingenieur: Ferdinand und Oskar von Miller

Eines der schönsten Häuser am Starnberger See befindet sich auf dem Westufer in der ehemaligen Künstlerkolonie von Niederpöcking. Sie entstand in den ersten Jahren des Dampfschiffbetriebs zwischen 1852 und 1858 und wurde zum Refugium berühmter und erfolgreicher Künstler. Der romantische Maler und Zeichner Moritz von Schwind hatte hier ein schönes Landhaus, das leider in den 1950er-Jahren abgerissen wurde. In der Nachbarschaft wohnte neben dem Maler Joseph Anton Schwarzmann seit 1863 der Hofmaler Alexander von Kotzebue, ein Neffe des 1819 ermordeten Dichters August von Kotzebue.

Das schönste Haus aber baute sich der Direktor der kgl. Erzgießerei in München, Ferdinand von Miller (1813–1887). Von seinen über 175 großen Gusswerken sind besonders wichtig die monumentale Bavaria auf der Theresienwiese in München, das Armeedenkmal in der Feldherrnhalle und der Schiller am Maximiliansplatz sowie das Goethe- und Schillerdenkmal in Weimar, die Germania auf dem Niederwalddenkmal und das Tor des Kapitols in Washington. Unter König Ludwig I. machte sich Ferdinand von Miller auch einen Namen als Vergolder.

Das Haus »Quellenheim« ging 1912 aus der Erbengemeinschaft in den Besitz des Ingenieurs Oskar von Miller (1855–1934) über. Die Vielzahl und Bedeutung seiner Werke für die Gegenwart ist überwältigend. Der Münchener Oskar von Miller war von 1884 bis 1890 zusammen mit Emil Rathenau Direktor der AEG und der Berliner Elektrizitätswerke und gründete 1890 in München ein Ingenieurbüro für Energiewirtschaft, das sehr schnell eine führende Rolle in der neuen Technologie einnahm. Als Leiter der Internationalen Elektrotechnischen Ausstellung in Frankfurt am Main setzte er 1891 die erste Drehstromkraftübertragung von Lauffen am Neckar nach Frankfurt am Main in Kraft. Die Gründung des Deutschen Museums in München (1903) und besonders der Bau des Walchensee-Kraftwerks (1924) sind wesentlich den Initiativen Oskar von Millers zu verdanken.

Die Rottmannshöhe.
Vom Aussichtspunkt zum Waldhotel

Ein Maler als Namensgeber

Zurück ans Ostufer. Ein Freund des Hofbaurats Himbsel in Leoni war auch der Maler Carl Rottmann (1797–1850). Er gilt als Erfinder der so genannten ›heroischen‹ Landschaft unter König Ludwig I.; sein Bild »Der Eibsee« (1825) begründete eine neue Landschaftstradition in der Malerei. Seine italienischen Arkadenfresken im Münchener Hofgarten (1823–1833) und der Griechenlandzyklus der ehemaligen Neuen Pinakothek (1838–1850) ergänzten das städtebauliche und architektonische Programm der klassizistischen ›Kunststadt‹ München als ›Isar-Athen‹

Johann Baptist Weiss (1812–1879): Die Rottmannshöhe, Bleistift und Wasserfarben 1853. In Blickrichtung des Malers im Vordergrund nach Südwesten sind die Roseninsel und das Dampfschiff »Maximilian« zu erkennen. Stadtmuseum, München.

45

Das Rottmann-Denkmal
nach seiner Renovierung im Juni 2000.

nachdrücklich. Rottmanns Name war bald so sehr ein Begriff, dass ein strahlend blauer Himmel über München noch bis in unsere Tage als ›Rottmann-Himmel‹ gepriesen wird.

Während seiner Besuche in Leoni hatte Rottmann immer wieder die Anhöhe aufgesucht und die Aussicht von einem erklärten Lieblingsplatz aus als die schönste am See gelobt. Rottmanns Enkelin erinnert sich, wie ihr Großvater seine Entdeckung noch in der alten Villa Leoni bekannt gab: »Entzückt kehrte er heim und erzählte bei Tisch von dem neu entdeckten Aussichtspunkt. Gegen Abend führte er die ganze Gesellschaft hinauf. Auf dem Weg dahin sollte niemand reden noch aufschauen, bis Großvater ›Jetzt‹ riefe. Alles brach in Bewunderung aus beim Anblick der Landschaft in der prächtigsten Abendbeleuchtung und Großvater rief: ›Ich habe viel großartigere Gegenden gesehen im Leben, aber eine lieblichere kenne ich nicht‹, anderntags ließ er eine Holzbank auf dem Aussichtspunkt aufstellen.«

Was lag also näher, als den Lieblingsplatz des prominentesten Landschaftsmalers seiner Zeit 1851, im Jahr nach seinem Tod, durch ein Denkmal mit Inschrifttafel und Ruhebank zu erinnern und den Höhenzug oberhalb von Leoni durch den Namen »Rottmannshöhe« aufzuwerten?

Zwanzig Jahre später, im Jahr 1874, begann die Rottmannshöhe endgültig zum Begriff zu werden durch ein imponierendes palastartiges Hotel, das nicht nur den Namen »Rottmannshöhe« übernahm, sondern auch das Denkmal am Fuß der Freitreppe in den Garten wirkungsvoll zur Geltung brachte. Heute steht das Denkmal, mit neuer Inschrifttafel, unter den Bäumen neben der Auffahrtsstraße.

Hotel mit Literaten

Die Rolle des Künstler- und Literatentreffs übernahm nun, nach der Villa Leoni und der Villa Himbsel, das neue Hotel. Der Schriftsteller Michael Georg Conrad, als Herausgeber der Zeitschrift »Die Gesellschaft« der damals führende Naturalist, weiß noch genau, wie das Hotel aussah, wo er zum ersten Mal die Bekanntschaft mit dem witzigen Dichter Otto Julius Bierbaum machte: »Es war auf der Rottmannshöhe, dem freiesten Aussichtspunkt am Starnberger See. Ein ehemaliger

Gruss von der Rottmannshöhe. Ansichtskarte, um 1895.

Chorist vom Gärtnertheater in München, der menschenfreundliche Herr [Anton] Kisser, hat den schönen Waldgipfel mit Terrassen, Parkanlagen und einem großen Gasthaus gekrönt. Hier weilte ich in den Jahren 1890 bis 1892 zur Sommer= und Herbstfrische mit Weib und Kind. Ich empfing viel Besuch aus dem literarischen und künstlerischen München – und eines Tage brachte [der Dramatiker und Experte des ›Münchner Kaffeehauslebens‹] Julius Schaumberger den Otto Julius mit.« Conrad erinnert sich freilich auch an den Künstler-Trubel dort oben im Wald, der einer gedeihlichen Arbeit offenbar nicht im Wege stand. Conrad versäumt es nicht, einige der Werke zu nennen, die auf der Rottmannshöhe entstanden sind. Es sind zwar weitgehend vergessene Titel und Namen, sie gehören aber zu einer literarischen Übergangszeit mit ihrer eigenen Atmosphäre: »Auf der Rottmannshöhe selbst schrieb ich meinen Roman ›Die klugen Jungfrauen‹, während Professor [Gustav] Floerke seine wichtigen Böcklin=Erinnerungen sichtete [›Zehn Jahre mit Böcklin‹, 1901], und Hans Hopfen die letzte Hand an ein Stück legte, das ihm [1888] den persönlichen Adel durch den bayerischen Kron=Orden eintrug. Der spätere ›Traumulus‹-Dichter Oskar Jerschke trat herein, um Grüßgott zu sagen.« Oskar Jerschke verfasste zusammen mit dem ungleich produktiveren Arno Holz innerhalb einer kleinen Reihe von Dramen auch die ›tragische Komödie‹ »Traumulus« (1905). Zu ergänzen wäre vielleicht noch Conrads ›Königsroman‹ »Majestät« (1902) zum Schicksal König Ludwigs II.

Conrads Blick geht sodann in die nähere und weitere Umgebung, zum »reichen Künstlerheim« des Sängers Eugen Gura (dem im vorliegenden Buch ein eigenes Kapitel gewidmet ist), sowie zu einer interessanten Nachbarin: »Näher am See, unfern der Stelle, wo später der Bismarckturm errichtet wurde, einsiedelte die große Tragödin Klara Ziegler und verfasste kleine Erzählungen und Bühnenspiele.« Diese ›Einsiedelei‹ mit großem Park musste inzwischen einem Neubau weichen; immerhin erinnert der »Zieglerweg« in Allmannshausen an die einst prominente Bewohnerin des Ortes. Die Kgl. Bayerische Hofschauspielerin Klara Ziegler (1844–1909) aus München bestimmte testamentarisch ihre Villa am Englischen Garten und ihr beträchtliches, in einem langen Künstlerleben erspieltes Vermögen zur Errichtung eines Theatermuseums, das seit 1910 besteht. Nach der Zerstörung der Ziegler-Villa durch Bomben 1944 befindet sich das Theatermuseum heute in den Münchener Hofarkaden an der Galeriestraße. Seit 1979 vom Freistaat Bayern zum staatlichen Museum erhoben, nennt es sich heute »Deutsches Theatermuseum (früher Clara-Ziegler-Stiftung)«. Übrigens – die von Michael Georg Conrad erwähnten Schriften Klara Zieglers sprechen für sich: So gibt es das Lustspiel »Flirten« (1895) und den Schwank »Furcht vor der Schwiegermutter« (1897).

Die neue Seilbahn weckte große Erwartungen. Illustration aus »Das Buch für Alle«, um 1901.

Während sich das Hotel Rottmannshöhe zwischen 1875 und 1900 zu einem neuen literarisch-künstlerischen Treffpunkt entwickelte, verwandelte sich unten am Dampfersteg die ehemalige Villa Leoni in ein neues »Seehotel«. Und es kam noch besser. Im Sommer 1896 erhielten der Seehotelbesitzer Oskar Strauch und der neue Besitzer des Hotels Rottmannshöhe, Joseph Sigl, die Konzession zum Betrieb einer Drahtseilbahn oder besser Standseilbahn auf die Rottmannshöhe. Die Ausflugsbahn in einem so genannten Vorstellwagenbetrieb hatte eine Spurenbreite von 105 Zentimetern; die Dampfmaschine, die mit dem billigen Torf aus dem nahen Filz bei Höhenrain betrieben wurde (in einer Saison von Ostern bis Oktober ca. 75 Tonnen), entwickelte eine Kraft von 64 PS bei 82 Umdrehungen pro Minute. Die Wagen waren knapp fünf Meter lang und boten bei 16 Sitzplätzen Raum für insgesamt 53 Fahrgäste. Die 85 Höhenmeter wurden auf einer 856 Meter langen Schienenstrecke den Hang hinauf und, nach einem Bogen, geradeaus durch den Wald bei einer Geschwindigkeit von 5,5 km/h in neun Minuten überwunden; auf halber Strecke gab es eine Ausweichstelle. Die beiden Wagen hingen an einem in der oberen Station um eine Antriebsrolle geschlungenen Drahtseil von 28 mm Stärke zu 2,97 kg/m. Das Zugseil zwischen der unteren Station und dem oberen Maschinenhaus war aus Tiegelgussstahl hergestellt und für eine Leistung bis zu 50.000 km ausgelegt. Erste Probefahrt war im April 1901; bis zum Juli wurden bereits 1.146 Personen befördert.

Wegweiser ins Nirgendwo,
beim ehemaligen Waldcafé.

Die Hotelgäste wandelten sich im Lauf der Zeit zu Patienten. Das Hotel Rottmannshöhe wurde 1903, wie Oskar Maria Graf schreibt, in ein »Sanatorium für Nervenkranke« umgewandelt, dessen leitender Arzt Dr. Matzen angeblich eine »ganz neuartige Diätkur« verschrieb: »›Der ist der Dümmste noch lang nicht‹, sagten die Bauern von diesem schlauen Doktor, wenn die schwerreichen Damen und verfetteten Herren aus aller Welt zu ihm kamen. Schon im ersten Sommer hatte er keinen einzigen Raum mehr frei.«

Doch die Verbindung Leoni–Rottmannshöhe zahlte sich nicht so wie erwartet aus. Die Bahn erreichte nie die Fahrgastzahlen vergleichbarer Bahnen etwa in der Schweiz; 1919 wurde die Anlage stillgelegt und 1920 abgebrochen. Von der Bahn hat sich der »Seilbahnweg« mit der alten, zum Teil abenteuerlich trapezförmigen Trasse durch den Wald erhalten; und am »Waldcafé« vor dem ehemaligen Hotel prangt ein altes Preisschild mit den einstigen Fahrpreisen der Drahtseilbahn.

Jesuiten und Jugendpsychiatrie

Von 1920 bis 1940 und von 1944 bis 1964 war das ehemalige Hotel ein Exerzitienhaus der Jesuiten. Wie Oskar Maria Graf in seinem »Notizbuch eines Provinzschriftstellers 1932« erklärt, hatten die Jesuiten für ihre Exerzitien dasselbe praktische Prinzip wie einst der Arzt des Sanatoriums: »Exerzitien kann man machen, das heißt die Jesuiten gehen herum und halten die Leute wirkungsvoll zur Buße an. Du zahlst 12 oder 14 Mark, gehst zur Rottmannshöhe, mußt drei Tage fasten und beten und kannst gereinigt wieder abziehen. Das Geschäft blüht. Allerdings, wenn man meint, daß bei der Geistlichkeit kein Konkurrenzneid herumgeistert, irrt man. Die Jesuiten haben eine heizbare Kirche und man kann dort in den Stühlen sitzen. Kein Wunder, die umliegenden Bauern gehen lieber zur Rottmannshöhe als nach Aufkirchen in die eiskalte Pfarrkirche. Außerdem predigen die Jesuiten viel unterhaltsamer als der hochwürdige Herr Pfarrer. Der ärgert sich.« Die Kapelle war hinter dem Hotel durch den Umbau und die Zusammenlegung des Nebengebäudes mit dem Maschinenhaus der Drahtseilbahn entstanden.

52

Haus Rottmannshöhe heute.

Bis 1964 war die Rottmannshöhe Exerzitienhaus; dann wurde sie wegen Personalmangels geschlossen, erst verpachtet und 1972 an den Bezirk Oberbayern verkauft. Es schien, als könne das alte Hotel bestenfalls noch als Filmkulisse dienen wie im Fall der »Lina Braake« (1974) von Bernhard Sinkel. Der Plan, das mittlerweile ruinös gewordene und nach einem Mord endgültig in Verruf geratene Gebäude zu einem Zentrum für Sehbehinderte umzubauen, scheiterte 1975 am Einspruch der Nachbarn. Trotz anfangs heftiger Einwände konnte jedoch das folgende Projekt, in dem alten Haus eine Abteilung der Kinder- und Jugendpsychiatrie der Heckscher Klinik, München-Schwabing mit einer Sonderschule einzurichten, 1985 verwirklicht werden. Der Münchener Architekt Utz Peter Strehle verband den Altbau mit neuen Räumen aus Holz und Glas zu einer gelungenen Einheit. Das ehemalige Hotel, Sanatorium und Exerzitienhaus bekam eine neue, sinnvolle Funktion.

Der Bismarckturm en gros ...

Der Bismarckturm

Der Bismarckturm von Assenhausen verdankt sich einem künstlerischen Unternehmer, dem Münchener Malerfürsten Franz von Lenbach
(1836–1904), der ihn im März 1890 angeregt hatte. Lenbachs toskani-
sche Villa am Königsplatz in München beherbergt heute die Städtische
Galerie mit ihrer weltberühmten Sammlung des »Blauen Reiter«. Das
standesgemäße eigene Haus in Starnberg hat Lenbach zwar ein Jahr vor
seinem Tod noch planen, seine Fertigstellung jedoch nicht mehr erleben

... und en détail.

können. Dennoch gehört der von ihm angeregte Bismarckturm heute, wenn auch durch starken Baumbestand weder vom See noch von der Straße aus richtig sichtbar, zu den markanten Bauten im unmittelbaren Umkreis der Maxhöhe.

Dem Reichskanzler Otto Fürst von Bismarck (1815–1898) waren seit der Gründung des Deutschen Kaiserreichs 1871 allerorten Denkmäler und Türme gewidmet worden. Für den Porträtisten Lenbach war Bismarck ein besonders dankbares Thema. Mit dem Turm ließen sich alte und neue Zeit verbinden, der Ahnherr der neuen deutschen Politik würdigen und die vielfach reproduzierten eigenen Bismarck-Porträts damit aufwerten. Patriotismus und Geschäftssinn gingen in dem Turm eine interessante Verbindung ein.

Lenbach hat auch selbst Skizzen zu dem geplanten Turm angefertigt, mit dessen Bau im Frühjahr 1895 begonnen werden konnte. Nach einem Entwurf des Architekten Theodor Fischer und mit Relieffiguren des Bildhauers Joseph Floßmann wurde der vom Münchener Bismarck-verein finanzierte Turm am 1. Juli 1899 feierlich eingeweiht. Das Gebäude ist eine private Einrichtung der Landeshauptstadt München und wird heute auf einer Tafel als »Erholungsgelände der Landeshauptstadt München am Bismarckturm in Assenhausen, Gemeinde Berg« bezeichnet; verboten sind Vergnügungsfeiern, und zuständig ist das Baureferat mit der Hauptabteilung Gartenbau.

Das Denkmal für den Reichsgründer und Ehrenbürger Münchens Otto Fürst von Bismarck ragt als Monument des späten 19. Jahrhunderts nicht nur als vermeintlicher Fremdkörper in unsere Gegenwart hinein. Freilich nötigte das über einer Wandelhalle mit 16 offenen Fensterbögen 30 Meter hohe Denkmal der Seelandschaft an einer ihrer schönsten Stellen den Bismarck-Kult geradezu gewaltsam auf: »Protzenhaft und so, als stieße es gleichsam mit den derben, eckigen Ellenbogen seines Quadersockels die kunstvoll angelegten Zedern rundherum beiseite, so stand es da. Gewaltsam, drohend und unschön wirkte es in der friedvollen Landschaft.« So erlebte es Oskar Maria Graf um 1919 bei einem Spaziergang mit seiner Mutter und seiner zweiten Frau Mirjam.

Freilich sind die in einer eigenartigen Mischung aus Klassizismus und Jugendstil gehaltenen Relieffiguren der inszenierten Verbindung von germanischen Allegorien mit Bismarcks Leben und dem damals aktuellen Deutschen Reich an dem Turm Ausdruck eines nationalen Pathos, das heute, nach zwei Weltkriegen, eher befremdet und abstößt, noch dazu in den Zeiten einer angestrebten europäischen Einigung, die ohne überragende Identitätsstifter auskommen muss.

Die an der Außenseite des Turms sichtbaren übergroßen Figuren der Germania mit den vier Bruderstämmen unter ihrem Schutzmantel oder Bismarcks Wappen und Wahlspruch ragen heute ohne Erläuterung ins Leere. Dagegen lassen sich viele der kleinen Reliefs an den Sockelmauern bei einem Gang durch das Gesträuch erkennen; seien es »Vater Rhein« oder ein Pelikan mit dem am 1. April 1815 geborenen kleinen Otto, ein Schmied, der eine Kette bildet, der Rabe, der Friedrich Barbarossa die Nachricht vom neuen Reich ins Ohr flüstert, Hirsche, Löwen, Hähne und ein verscheuchter Basilisk. Inszenierte nationale Identität, im Großen wie im Kleinen. In der Wandelhalle dann über der Stiftertafel die verwitterten Figuren der deutschen Bundesstaaten und freien Städte, die sich die Hände geben. Doch der preußische Adler mit den offenen Schwingen auf dem fensterlosen und nicht begehbaren Turm wirkt wie das Ensemble selbst deplatziert; wenigstens ist der Baumbestand um das Denkmal mittlerweile so üppig, dass darin das Denkmal ebenso wie die erwartet schöne Aussicht verschwinden.

Eugen Gura

Das Altersbild des Sängers um 1900 ist den »Erinnerungen« vorangestellt.

Auf den Flügeln des Gesanges.
Der Opern- und Kammersänger Eugen Gura

Im Münchener Westen liegt zwischen dem alten Pasing und dem noblen Obermenzing ein Wohngebiet, das sich durch Straßen auszeichnet, die nach berühmten Komponisten und Musikern benannt sind. Die nördliche Grenze bildet dabei die viel befahrene Verdistraße, und von ihr gehen nicht nur wichtige Verbindungen wie die Meyerbeer- und Offenbachstraße nach Süden ab, sondern auch winzig kleine Wege. Seit 1947 gibt es dort eine kurze Sackgasse namens Eugen-Gura-Straße. Den wenigsten, die auf der Maxhöhe unterwegs sind, wird diese Verbindung zwischen dem groß aufgemalten Namen der »Villa Gura« und der Sackgasse im Münchener Westen je aufgefallen sein. Doch in beiden Fällen ist ein großer Wagner-Sänger des 19. Jahrhunderts gemeint, der in Bayreuth und auch an der Staatsoper München gesungen hat und als der erste prominente Anwohner der Maxhöhe bezeichnet werden kann. Wenn daher im Folgenden Eugen Gura und seine Villa mit ihren von dem Sänger selbst dokumentierten Kunstschätzen vorgestellt wird, ist das sicher zunächst als Beitrag zur regionalen Kulturgeschichte vertretbar. Darüber hinaus ist Guras künstlerische Zeitgenossenschaft mit Richard Wagner und König Ludwig II. sicher auch überregional interessant.

Der Sänger

Eugen Gura war eine musikalisch-bildnerische Doppelbegabung. Geboren 1842 in Böhmen, zeigte sich bei dem Jungen schon sehr früh ein Talent zum Zeichnen und Malen. Der Vater, ein kunstbegeisterter Volksschullehrer, gab seinem Sohn Klavierunterricht und schrieb für ihn die Sonaten Beethovens ab. Doch eine solide Schulbildung und ein Studium auf dem Wiener Polytechnikum sollten die Gefahren der »brotlosen Kunst« umgehen. Freilich hörte der junge Eugen Gura in Wien die damals sensationell neuen Opern Richard Wagners, den »Tannhäuser«, den »Lohengrin« 1861 sogar in Anwesenheit des Komponisten; der »Beruf eines Sängers und Darstellers« wurde zum Lebensziel. Gura studierte allerdings zunächst Malerei in Wien und München.

Ein Künstlerfest in München brachte die ›Entdeckung‹ seiner Stimme und seiner darstellerischen Begabung, er studierte bei Franz Hauser Gesang und wurde 1865 als Bariton an die Münchener Oper verpflichtet. Die nächsten Engagements führten ihn an die Stadttheater von Breslau (1867) und Leipzig (1870). In Breslau heiratete er 1868 Therese Windstoßer (1843–1805), ein Jahr später kam hier sein erster Sohn Eugen jr. zur Welt, der später Schauspieler wurde. In Leipzig wurde 1870 der zweite Sohn Hermann geboren, der sich später ebenfalls als Sänger einen Namen machte. In Leipzig schaffte Eugen Gura auf der Bühne und im Konzertsaal den entscheidenden künstlerischen Durchbruch.

Partien

Laut Lexikon war Eugen Gura ein vielseitiger, geistvoller und stets überzeugend charakterisierender Bühnen- und Konzertsänger. Sein umfangreicher, edler und technisch sehr sorgsam geführter Bassbariton ermöglichte es ihm, lyrischen, heldischen und auch komischen Partien gerecht zu werden. In der Oper »Jessonda« (1823) von Louis Spohr fand er 1874 als Tristan d'Acunha den entschiedenen Beifall Richard Wagners: »Eine einzige Gestalt, wie diejenige des vom Komponisten wohl etwas zu weichlich gehaltenen, portugiesischen Generals Tristan d'Acunha, sobald sie uns ein Künstler von der Begabung des Herrn Gura vorführt, kann uns als eine wahrhaft interessante Erscheinung einnehmen. Dieser gegenüber durfte diesmal jedes Bedenken verschwinden: Alles war rein und edel. (...) Hier gelingt alles, selbst die unsingbarste Spohrsche Violinpassage beeinträchtigt den Vortrag des Künstlers nicht mehr, weil dieser uns jeden Augenblick fesselt, und somit unsere Aufmerksamkeit auf das verfehlte Außenwerk seiner ihm aufgedrungenen Leistung gleichsam entkräftet wird.« Wer einem schwachen Stück derart starke Momente abgewinnen konnte, eignete sich natürlich erst recht für Wagners neues und kühnes Musikdrama, und auf diese Weise sang Eugen Gura bei den ersten Bayreuther Festspielen im August 1876 den

Richard Wagner (1813–1883) auf einer Porträtfotografie mit Grußwort an Eugen Gura:
»Hätte Gunther studirt Jura / nie wäre er besser als Gura! / Auf Wiedersehen! / Bayreuth /
26 Aug 1876. Rich. Wagner«.

Donner im »Rheingold« und den Gunther in der »Götterdämmerung«. Die launige Widmung Wagners auf der Rückseite einer Porträtfotografie gibt einen guten Eindruck von der persönlichen Nähe des Meisters zu seinem Sänger.

Noch im September 1876 wandte sich Gura nach Hamburg und ließ sich von dort auf Konzertreisen und Gastspiele bis nach Holland und England vermitteln. In einem von Hans Richter in London geleiteten Opernunternehmen sang er 1882 verschiedene Partien, darunter den »Fliegenden Holländer« und den Hans Sachs in den »Meistersingern«. Anschließend verpflichtete er sich von 1883 bis 1896 wieder an die Münchener Oper und sang in dieser Zeit bei den Bayreuther Festspielen 1886, 1889 und 1892 den Amfortas, den König Marke in »Tristan und Isolde« und erneut den Hans Sachs. Während der letzten Jahre der Separatvorstellungen erlebte ihn König Ludwig II. 1883 und 1884 als Wotan im »Rheingold« und in der »Walküre«, als Wanderer in »Siegfried«, Gunther in der »Götterdämmerung«, Telramund im »Lohengrin« sowie als »Holländer« und Amfortas im »Parsifal«. Zu Guras Glanzrollen gehörte neben dem Hans Sachs der Abul Hassan im »Barbier von Bagdad« (1858) von Peter Cornelius.

Ein besonderes Verdienst erwarb sich Gura als Konzertsänger durch den Vortrag der Werke von Franz Schubert, Robert Schumann und besonders der Balladen von Karl Loewe. Im April 1884 hatte Gura in München die ersten Loeweschen Balladen gesungen und gilt seither als der Wiederentdecker des Balladenkomponisten. Die mehr lyrischen Balladen wie »Die Uhr« oder »Tom der Reimer« sind zwar inzwischen verblasst oder finden sich nur noch in merkwürdig satirischer Verdrehung bei Karl Valentin. Die dramatischen Balladen aber wie »Heinrich der Vogler«, »Archibald Douglas« oder »Der Zauberlehrling« haben sich dank Guras Initiative bis heute vielfach im Sängerrepertoire gehalten. Sogar die gefährdete Schönheit der Lieder Hugo Wolfs tat es dem Sänger in seinen letzten Jahren an, wie sich seine Schülerin Hertha von Hausegger erinnert: »War es bei der Ballade sein volles dramatisches Leben, das er in sie ergoß, so half ihm bei Wolf die fast frauenhafte Zartheit seines Empfindens, sein sensitives Reagieren auf jede noch so leise angedeutete Stimmung.«

Bei der Eröffnung des Münchener Prinzregententheaters am 20. August 1901 sang Eugen Gura zum letzten Mal den Hans Sachs, sein sän-

In seiner Paraderolle als »Hans Sachs« gab Eugen Gura bei der Eröffnung des Prinzregententheaters am 20. August 1901 seinen Bühnenabschied.

gerisches »Meisterstück« (Hausegger), und zog sich nach seinem letzten Auftritt im Mai 1902 ganz auf seinen Landsitz, die Villa Gura auf der Maxhöhe am Starnberger See zurück.

Annäherung

Im Jahr vor seinem Tod hat Eugen Gura 1905 die »Erinnerungen aus meinem Leben« im Leipziger Verlag von Breitkopf und Härtel erscheinen lassen. Die schmale Autobiographie ist eine wertvolle Quelle gerade für das Leben des berühmten Sängers in seiner Villa auf der Maxhöhe. Schon während seiner Münchener Studienzeit bei Franz Hauser war Gura bei zwei größeren Ausflügen nach Schloss Kaltenberg und an den Ammersee gelangt. Als er Ende der 70er-Jahre nach einem alternativen Urlaubsort Ausschau hielt, kam ihm Bayern wieder in den Sinn:

»Im Sommer des Jahres 1879 zog es uns anstatt nach einem Badeort wie Ems oder nach dem Seebad Helgoland, nach den Gauen Oberbayerns. Die anmutigen Jugenderinnerungen an den Ammersee waren mit die Veranlassung dazu, uns das Schloß Ried in der Nähe Herrschings als Aufenthaltsort zu wählen. Von da aus führte uns am Ende des Sommers eine reizende Wagenpartie unter anderm nach dem Starnberger See, wo uns ein Besuch bei dem Sängerehepaar [Therese und Heinrich] Vogl [in Tutzing] und danach auch auf dem östlichen Ufer bei meinem Schwager [Windstoßer] erfreute. Dieser bewohnte in der Nähe der Rottmannshöhe ein kleines Haus, worin wir uns auf einige Tage auch niederließen.«

Sängerkollegen

Diese Angaben sind nun mehrfach interessant. Der Besuch bei dem Sängerehepaar Vogl in Tutzing war kein Zufall. Dort ließen sich schon früh Abgeschiedenheit und künstlerische Geselligkeit ergiebig verbinden. Der Komponist Johannes Brahms (1833–1897) quartierte sich im Sommer 1873 in dem kleinen Gasthof des ehemaligen Kammerdieners Conrad Amtmann (heute »Brahms-Haus« an der Hauptstraße 74) für einige Monate ein. Eingeladen hatten ihn seine Freunde, das Wagner-Sängerehe-

64

paar Therese (1845–1921) und Heinrich Vogl (1845–1900). Der Heldentenor Heinrich Vogl war ab 1865 zeitweilig der einzige »Tristan‹ vor allem an der Münchener Hofoper. Mit seiner Frau betrieb er auf seinem Gut Deixlfurt oberhalb von Tutzing eine kleine Landwirtschaft mit Karpfenzucht und Schnapsbrennerei. Von ihm gibt es daher den trefflichen Schüttelreim: »Abends singt er ›Tristan‹ / Und morgens fährt er Mist an.‹

Die Vogls hatten im ehemaligen »Fischkäufl«-Haus an der heutigen Marienstraße 12 ihren Sommersitz und stellten Brahms ihr »Vogl-Häuschen«, den kleinen, heute nach dem Komponisten benannten Pavillon auf dem Seegrundstück zur Verfügung. Dank dieser guten Bedingungen konnte Brahms in Tutzing seine Haydn-Variationen op. 56 in den beiden Fassungen für Orchester und für zwei Klaviere, sowie die beiden Streichquartette op. 51 beenden. Zusätzlich entstanden in diesem Sommer die »Acht Lieder und Gesänge« op. 59, von denen das Regenlied »Walle Regen, walle nieder« (nach Klaus Groth) und besonders das Lied »Auf dem See« (nach Goethe), von den Vogls im Pavillon gesungen, vermutlich am ehesten mit dem Tutzinger Lebensgefühl des Komponisten korrespondierten. All das dürfte Eugen Gura von den Vogls erfahren haben, sodass er angeregt worden sein könnte, es den beiden mit einem ähnlichen Landsitz am See gleichzutun. Ein Objekt fand sich ebenfalls gleich in unmittelbarer Nähe zum Haus des Schwagers: »In einem nebenan gelegenen Häuschen hatte ein Landschaftsmaler aus Berlin seinen Wohnsitz aufgeschlagen, der sehr geneigt schien, sein einsam gelegenes Anwesen zu veräußern.«

Die Villa

Die Villa Gura mit ihren drei Kaminen ist vermutlich das älteste nachweisbare Haus auf der Maxhöhe. Der Maurermeister Joseph Hupfauer aus Berg ließ dort 1874 ein Wohnhaus errichten, das die Hausnummer »½ Maximilianshöhe«, später »Nr. 5« erhielt (Staatsarchiv München, Kataster 25490). Laut Kataster-Eintrag hat das Ehepaar Eugen und Therese Gura das Anwesen Haus Nummer ½ auf der Maximilianshöhe am 12. Juli 1880 von der Vorbesitzerin Anna Leyde erworben. Tatsächlich lässt sich auch ein Maler dieses Namens nachweisen, wobei es sich

Villa Gura. Luftaufnahme, um 1970.

allerdings, wenn überhaupt, um den Sohn handeln dürfte. Das Maler-lexikon von Thieme-Becker kennt einen Berliner Maler namens Kurt Leyde (1881–1941), der als Schüler von Stuck um 1900 in München studierte. Wie auch immer, die Verhandlungen waren kurz und erfolg-reich:

»Nach kurzer Unterhandlung waren wir im Besitze des freien Bergrü-ckens, der von der Umgebung mit dem Namen ›Maxhöhe‹ benannt wird. Ein einfacher Baumeister in Starnberg unternahm es, mir an der östlichen Ecke des Häuschens ein achteckiges Türmchen anzufügen. Mit wenigen Möbeln waren bald die bescheidenen Räume gefüllt. Im Winter des Jahres 1881 wurden eine Anzahl Bäume und Gesträuche ge-pflanzt, und als ein kleines Eldorado stand unsre Villa nach einigen Jah-ren da.« Immerhin fast zehn Jahre verbrachten Guras in der bis dahin noch recht einfachen Villa. Dann aber wurde entscheidend umgebaut. Gura berichtet:

»Da kam 1890 unter mannigfachen Besuchern auch ein Baumeister Lasne, der mir den Vorschlag machte, dem Gedanken eines Neubaues nahe zu treten; er hatte bald einen Plan entworfen. Das Häuschen sollte größer werden, der achteckige Turm sollte sich in die Höhe recken und die Größe von zweiundeinhalb Etagen erreichen, eine Reihe Zimmer die Annehmlichkeit des Lebens möglichst erhöhen.

Meine Frau ließ nun unter der Leitung eines geschickten Gärtners die Baumpflanzungen des Gartens erheblich erweitern, und in einigen Jahren stand unsre Villa inmitten eines recht stattlichen Parkes. Schon im Laufe des Jahres 1881 richtete ich zum Gedächtnis meiner Freunde ein Buch ein, worin der Dichter Karl Stieler als erster auf der ersten Seite mir die hier folgenden drei schönen schwungvollen Strophen widmete:

Ein Sängerheim

Hochdroben auf der Wiesenhalde,
In weiter Flur von Korn und Klee,
Da steht mein Haus versteckt am Walde
Und drunten blitzt der blaue See.
Wenn Amselsang den Tag verkündet:
Dann sind es Tage ohne Hast;
Denn dort hab ich mein Heim gegründet
Für dieses Herzens Heil und Rast.

Der heil'gen Kunst gehört mein Leben.
Es folgt mein Herzschlag ihrer Spur;
Doch wird zur Kunst sich nur erheben
Wer dich kennt, ewige Natur!
Aus deinen mächtigen Akkorden,
Aus deiner großen Harmonie
Quillt aller Sang, der uns geworden.
Dich lieb' ich – und dich laß ich nie!

So mögt ihr zwei dies Heim mir segnen
Mir selber und den Menschen all',
Die fröhlich mir darin begegnen,

Denn Glück und Lied will Widerhall!
Willkommen hier, wo mit den Winden
Waldrauschen um den Giebel singt;
Hier soll getreue Herzen finden,
Wer ein getreues Herze bringt.«

Kunstkammer Villa Gura: Außen

Mit diesem Gedicht von einem der seinerzeit renommiertesten Dichter Bayerns nimmt die Ausgestaltung des Hauses zu einer regelrechten Kunstkammer ihren Anfang. Das Gedicht des früh verstorbenen Karl Stieler (1842–1885) ist zwar altmodisch, hatte aber für den Sänger-freund einen so hohen Wert, dass er den Versen noch einen besonderen Ort und eine neue Verwendung zuwies:

»Im Jahre 1891 ließ ich die zweite Strophe dieses Gedichts durch ei-nen einfachen Dekorationsmaler inmitten Albrecht Dürerscher Motive auf die Ostwand des vollendeten Hauses malen. Dies veranlaßte 1900 meinen Freund Hermann Zumpe die Worte Stielers schwungvoll und sangbar in Musik zu setzen.«

Der Dirigent und Komponist Hermann Zumpe (1850–1905) gehört zu den bedeutendsten Dirigenten Ende des 19. Jahrhunderts. Zumpes impulsive Interpretationen der Sinfonien von Mozart, Beethoven und Bruckner, vor allem aber der Bühnenwerke Wagners, die er mustergültig, ohne Striche und mit nie nachlassender Einsatzfreude darbot, müssen das Publikum sehr fasziniert haben. Als Komponist konnte Zumpe den Ein-fluss Wagners zwar nie verleugnen, doch seine unprätentiösen Stücke zei-gen melodischen Einfallsreichtum und glänzende Instrumentierung.

Mit den (heute leider übermalten) Dürer-Motiven (erinnerbar sind noch eine hl. Elisabeth und ein hl. Florian) und der Komposition der Stieler'schen Verse für die Villa Gura wird das Haus besonders aufgewer-tet. Der Sänger weiß um diesen Wert und blickt daher vom hohen Bal-kone auch etwas programmatisch in die malerische Umgebung des sin-genden und klingenden Künstlerheims hinaus:

»Eine Anzahl Balkone lassen nach Süden, Norden und Westen den Blick über die Seegestade schweifen. Besonders der Blick nach Süden, nach der in immer wechselnder Beleuchtung prangenden Alpenkette, ist ohne Ende anregend; nie ohne Reiz der Blick nach den Ufern von Possenhofen, Feldafing und Pöcking, woran sich der Blick nach Starnberg mit seinem alten Kurfürstenschloß und seinem schlanken Kirchturm anschließt.«

Mit besonderem Wohlwollen fällt der Blick des Sängers sodann auf »das östliche Ende des Parks, an den sich ein wundervoller Waldkomplex reiht: hohe, himmelragende Tannen und malerische Buchen«. Nach wie vor steht dort eine alte Alm, die Gura einem Bauern in der Nähe von Ebenhausen abgekauft hatte; sie diente dem Hausmeister der Villa Gura als Wohnung. Das wertvolle historische Holzhaus bedarf dringend der Renovierung.

Schließlich erwähnt Eugen Gura noch eine Besonderheit am Nordende des Gartens, »eine Kegelbahn, deren luftige Balkonaussicht den Blick nach dem Schlosse des Prinzen Ludwig, nach Leutstetten und nach der Villenkolonie von Oberpöcking gleiten läßt, und wo sich oft eine fröhliche Gesellschaft von Freunden um mich sammelte«. Der dichte Baumbestand des Gartens lässt heute nur noch erahnen, wie schön der Blick von hier oben einst gewesen sein muss.

Eine Bronzebüste

Hochherrschaftlich der Blick hinaus, hochherrschaftlich der Blick in den eigenen Park, aufgewertet durch eine besondere Skulptur. Guras Beschreibung seines Gartens geht von der Natur unmittelbar zu Kunst und Kultur und dabei zu einer ganz besonderen Büste über: »Im Laufe von zwanzig Jahren [bis 1901] haben die malerischen Bäume des Parkes eine stattliche Größe erreicht. Von mächtigem Umfange sind namentlich die beiden Linden an der Ostseite des Hauses, zwischen denen auf einem Granitsockel das Denkmal (Bronzebüste) meines herrlichen Balladenmeisters Karl Loewe steht, gearbeitet nach einem Entwurf des Professor Schaper in Berlin.« Vom alten Standort auf einem kleinen Hügel an der Ostseite musste die Büste inmitten zweier inzwischen verwitterter Sphinxe aufgrund eines Grundstücksverkaufs zwar verlegt werden, aber nach einer Vergoldung in jüngerer Zeit erstrahlt sie in neuer Pracht.

Fritz Schaper (1841–1919): Büste des Komponisten Karl Loewe, seit 1890 im Garten der Villa Gura. Die Bronzebüste wurde erst in jüngerer Zeit vergoldet.

Die Loewe-Büste, wohl nach dem Entwurf der Büste für Kiel gearbeitet, ist kein bloßes Schmuckstück, sondern steht im Zusammenhang eines imponierenden Bildprogramms des späten 19. Jahrhunderts. Die Denkmäler des Bildhauers Fritz Schaper (1841–1919) sind geradezu die Insignien des Deutschen Reiches zwischen 1871 und 1918 und wirken heute als Leitfossilien einer untergegangenen Epoche: Goethe im Berliner Tiergarten (1872/80), Bismarck (1879) und Moltke in Köln (1881), Lessing in Hamburg (1881), General August von Goeben in Koblenz (1884), Luther in Erfurt, Alfred Krupp in Essen (beide 1889) gaben den Deutschen neue erhabene Identitäten. Für Helgoland, das Eugen Gura als Ort für seine bisherigen Sommerfrischen erwähnt, fertigte Schaper eine Kolossalbüste des Dichters Hoffmann von Fallersleben und für Kiel die besagte Büste des Komponisten Karl Loewe. Wer schließlich bedenkt, dass Schaper neben den Standbildern für den Liederkomponisten Robert Franz auf der Alten Promenade in Halle und für den Dichter Gustav Freytag in Wiesbaden (1905) auch das kolossale Giebelrelief des Berliner Reichstagsgebäudes (1894) entworfen hat, dem glänzt die kleine goldschimmernde Büste des Balladenkomponisten Loewe im Garten der Villa Gura gleich noch ein wenig heller.

Kunstkammer Villa Gura: Innen

Lässt die Villa Gura schon außen ein prächtiges Kunstprogramm erkennen, eröffnet sich dem lesenden Besucher von Guras »Erinnerungen« das Innere des Hauses erst recht als eine Kunstkammer auf höchstem Niveau. Da von der alten Pracht heute nahezu alles verschwunden ist, lassen wir uns vom einstigen Hausherrn führen und geben nur hin und wieder ein paar Erläuterungen:

»Nun zum Wohnhause: Beim ersten Eintritt empfängt den Besucher das Bildnis des Prinzregenten, von der Hand Wilh.[elm] Hechts gestochen, dann die nach den Gemälden Lenbachs von Rohr radierten Bilder des alten Heldenkaisers [Wilhelm I.] und seiner Paladine Bismarck und Moltke.«

Welch ein Entree! Das sind mächtige Hausgötter, die Gura da präsentierte, historisch-bürgerliche Portalfiguren. Die Stiche und Radierungen der Herrscher stammten von dem Holzschneider und Radierer Wilhelm Hecht (1853–1920), auch er ein großer Name seiner Zeit. Hecht war nach Lehrzeiten in Nürnberg, Leipzig, Berlin und Stuttgart 1868 nach München gekommen, wo er einige Zeit die Akademie besuchte und eine xylographische Anstalt einrichtete. Der Ruf ihrer Erzeugnisse und seiner eigenen Arbeiten verschaffte ihm 1885 eine Berufung nach Wien als Leiter des für die Herstellung der Holzschnitte zu dem Werk »Die österreichisch-ungarische Monarchie in Wort und Bild« neu gegründeten xylographischen Instituts der K. K. Hof- und Staatsdruckerei. Später lehrte Wilhelm Hecht von 1886 bis 1898 auch an der Wiener Kunstgewerbeschule. Den Ruhestand verbrachte er in Graz, dann in München und seit 1912 in Linz.

Wie sehr Wilhelm Hecht das bildnerische Erscheinungsbild seiner Zeit prägte, wird aus einer ausführlichen Würdigung sichtbar. Hecht, so schreibt das Künstler-Lexikon, »ist einer der bedeutendsten Vertreter des deutschen Faksimileholzschnitts. Die Fähigkeit, sich der Eigenart der Vorlage anzupassen und die farbige Wirkung des Originals mit den einfachsten Mitteln wiederzugeben, hat er in zahlreichen hervorragenden Arbeiten bewiesen. Neben Holzschnitten für illustrierte Werke wie Grimms ›Kinder- und Hausmärchen‹ und die Zeitschrift ›Daheim‹ nach Vorlagen prominenter Maler wie Piloty, Gysis, Diez, Kaulbach, Gabriel v. Max ist in erster Linie die Ströfer'sche Faustausgabe mit den von Hecht auf den Holzstock gezeichneten Illustrationen von Liezen-Mayer und Rudolf Seitz zu nennen. Hechts erstes Einzelblatt war der ›Bismarck im Schlapphut‹ nach Lenbachs Pastellskizze. (...) Als Radierer fast völlig Autodidakt, brachte Hecht es auch auf diesem Gebiet zu ansehnlichen Leistungen. (...) Die Bildnisse ›Ludwig II. im Ornat des Georgi-Ritterordens‹, ›Bismarck‹, Moltke‹, ›Wilhelm II.‹ sind aber z. T. zu kräftig und schwer in der Gesamtwirkung.«

Im Parterre

Lassen einen die Hausgötter im Eingang passieren, öffnen sich die Räume im Erdgeschoss. Der Hausherr erklärt: »Seitwärts gelangt man in die Parterreräume, zunächst in ein geräumiges, dunkel getäfeltes Zimmer, worin ein älteres aus der Schule des Poussin stammendes Gemälde und einige holländische Stiche. Das achteckige Parterrezimmer [des Turms] mit seinen alten Tellern und Krügen und dem Büfett und dem der Form des Raumes angepaßten Speisetische dient als Eßzimmer. In der rechten Ecke, gegenüber der Stiege, befindet sich ein umfangreicher Kamin, der mit alten, im vorigen Jahrhundert geschnitzten Wappenfiguren dekoriert ist. Das Treppenhaus beherbergt sympathische englische und französische Landschaften, meistens Radierungen des trefflichen Landschaftskünstlers Karl Heffner.«

Halt, wieder ein wichtiger Name! Der Landschaftsmaler Karl Heffner (1849–?) studierte zunächst als begeisterter Wagnerianer in München Musik. In der Malerei zunächst Autodidakt, nahm er später Unterricht und stand unter dem Einfluss von Adolf Lier. Auf Reisen nach England im Auftrag eines Kunsthändlers fand er erste Abnehmer für seine von französischen und englischen Radierern vervielfältigten Bilder. Später wurde er durch das Studium der ›Paysage intime‹ bei Turner, Constable, Corot in englischen Galerien stark beinflusst. Heffners Lieblingsthema ist die Schilderung der einsamen Natur in der Abenddämmerung und an trüben, regenfeuchten Tagen im Frühling und Herbst. Er schätzt sumpfige Heidegegenden und Hochmoore, Lichtreflexe auf stillen Wasserflächen und Teichen. Ein Kritiker befand: »In seinen mit feinem poetischen, bisweilen an das Melancholische streifenden Gefühl ausgeführten Landschaften gipfelt die koloristische Virtuosität der neuern Münchener Landschaftsmalerei«.

Im ersten Stock

Im ersten Stock gelangte man zuerst »in das Musikzimmer mit den landschaftlichen Aquarellen des August Geist«. Der Landschaftsmaler, Radierer und Lithograph August Christian Geist (1835–1868) fand die Motive für seine Bilder auf Reisen durch die Rhön, in der Umgebung des Starnberger Sees und der Gegend von Polling, später auch in der fränkischen Schweiz. Seine Bilder gefielen, wie ein Zeitgenosse befand: »Der Hauptcharakter seiner Werke ist ein anmutig idyllischer. Das Weiche und Gefällige in Form und Farbe liegt ihm entschieden näher als das Strenge, Mächtige; das Ruhige entspricht seinem Wesen mehr als das Bewegte.« Trotz seiner kurzen Lebenszeit hat Geist ein verhältnismäßig umfangreiches Werk hinterlassen: 239 Ölbilder, 271 Zeichnungen, Aquarelle, Radierungen und Lithographien. Man findet Arbeiten von ihm in der Maillinger-Sammlung des Stadtmuseums München (so eine »Terrainstudie Feldaffing« und eine Baumstudie aus Possenhofen), in der Handzeichnungen-Sammlung der Berliner Nationalgalerie, in Würzburg, Bamberg und Halle.

Doch zurück in die Villa Gura. Im ersten Stock führt uns Eugen Gura weiter in sein »stilles Erkerzimmer, dann in das Toilettenzimmer meiner Frau, worin ein altes im 18. Jahrhundert gemaltes Bildnis und der Stich einer Prinzessin aus derselben Zeit. Neben einem zopfig dekorierten Schlafzimmer gelangt man über die zweite Treppe nach dem oberen zweiten Stocke, wo alle Räume zur Beherbergung von Gästen dienen. Der Aus- und Überblick auf die mannigfachen Baumwipfel ist geradezu wundervoll.‹

Eugen Gura war, wie gesagt, künstlerisch eine Doppelbegabung als Sänger und Maler bzw. Zeichner. In seinen »Erinnerungen« hat er zwei seiner Arbeiten abbilden lassen, sodass wir uns ein gutes Bild von seiner Begabung ebenso wie von der Maxhöhe vor mehr als hundert Jahren machen können. »In den achtziger Jahren begann ich mich, als Anwohner des Starnberger Sees, mit ganz besonderer Vorliebe in die Schönheit der Landschaft zu versenken. Namentlich die malerischen Ufer des Sees hatten es mir angetan mit ihrem reichen Baumschlag, mit dem Wechsel ihrer Waldpartien. Mit einem gewissen Enthusiasmus, der noch aus der Zeit meiner Malerjahre in meiner Seele wohnte, zeichnete ich nach der Natur in der Umgebung meiner Villa; so im Jahre 1885 ein altergebräuntes, hölzernes Bauernhaus im Dorfe Siebichhau-

Eugen Gura (1842–1906): Aus der Umgebung meiner Villa am Starnberger See. Radierung, 1887.

sen, von Holundergebüsch umgeben, und einen Dorfplatz (Assenhausen) in der Nähe der Rottmannshöhe, zunächst des jetzigen Bismarckturms; ferner ein Motiv mit Buchen und Eichen am Ausgang meines Gartens mit dem Blick nach dem Schlosse von Starnberg. Diese Motive übertrug ich, nachdem ich sie sorgfältig mit dem Bleistift gezeichnet, als Radierungen auf die Kupferplatte, wobei mir für die Ätzung in Kupfer mein Freund Wilh. Rohr hilfreich zur Seite stand; bei Wetterroth ließ ich drucken.«

Der Radierer und Kupferstecher Wilhelm Rohr (1848–1907) fertigte zahlreiche Bildnisradierungen für die Zeitschrift »Nord und Süd«. Vom Ätzen verstand Eugen Gura offenbar auch etwas, denn er erklärt: »Das Ätzen war im Jahre 1888 für mich eine schöne, erhebende Arbeit und edle Erholung. In Abwesenheit meiner beiden Söhne stand mir in München ein geräumiges Zimmer zur Verfügung, und so konnte ich dem Radieren mit reichlicher Muße huldigen. Inzwischen war ich nämlich schon an dem letzten und endgültigen Orte meiner Wirksamkeit angelangt. Die schöne Besitzung auf der Maxhöhe hatte es uns von Anfang an wünschenswert gemacht, im nahen München ein Engagement zu finden, und so war die Aufforderung zu einem Gastspiel dorthin mit Freuden begrüßt worden.«

So schloss sich der Kreis: Die Maxhöhe hatte den Künstler nach Bayern gezogen und das Münchener Engagement ermöglicht; und in seiner Villa auf der Maxhöhe konnte der berühmte Sänger sich zuletzt auch noch intensiv seinem zweiten Talent, dem bildnerischen Gestalten widmen. Glücklicherweise hat Gura seinen »Erinnerungen« einige Kostproben dieses Talents beigegeben. Zwei Radierungen dokumentieren sogar die von ihm erwähnte bildlich festgehaltene unmittelbare Umgebung des Hauses und der Maxhöhe. So gibt die Radierung von 1887 sehr genau den einstigen Blick nach Nordwesten auf Starnberg mit dem Schloss und der Josefskirche wieder. Die Radierung von 1888 mit der Ansicht von Assenhausen hat einen doppelt dokumentarischen Wert. Ist doch der Getreidekasten, der seinerzeit noch gegenüber der kleinen Kapelle an der Straße stand und auf Guras Zeichnung deutlich zu sehen ist, inzwischen abgetragen und im Garten des Bauernhauses an der Dürrbergstraße 5 wieder aufgestellt worden.

Die Führung durch die alte Villa Gura, geleitet vom alten Sänger selbst, war bereits sehr imponierend. Von seinen eigenen Sammlungen berichtet er in seinen Erinnerungen zwar ebenfalls ausführlich. Doch nur ein naher Freund und Gast wie Alex Braun ist in der Lage, den Sammler Gura so genau zu schildern, wie er es in seinen »Münchener Silhouetten« (1918) unternimmt. Die entsprechende Passage sei daher als besonderes Zeugnis für den ausgeprägten Kunstsinn des ersten berühmten Anwohners der Maxhöhe angeführt:

»Jede freie Minute gehörte seinen Sammlungen. Sie waren sein liebster Besitz, ja mehr als das, eine Art Lebenswerk. Mit welchem Stolze war der sonst gar Bescheidene der Vorzüge seiner Bilder, Stiche, Radierungen und gar seiner Handzeichnungen sich bewußt! Wenn ihn je was be-

Eugen Gura (1842–1906): Aus der Umgebung meiner Villa am Starnberger See [Assenhausen]. Radierung, 1888.

76

Die Motive Guras haben sich in Assenhausen zum Glück erhalten. Der alte Stadel wurde allerdings in einen Nachbargarten versetzt.

drückte, kränkte, so schaute er seine Mappen an, und während er mit rührender Zärtlichkeit in ihren Reiz sich versenkte, zerstoben vor dem reinen Odem der Kunst Sorge und Verdruß. Diese behutsam geordneten, säuberlich auf der Rückseite mit Bleistift datierten und spezifizierten Blätter schätzte er höher als alle seine musikalischen Erfolge: hing sein Herz doch zeitlebens an der Malerei wie an einem Jugendlieb.

Jede Kunstreise war ihm, seit er in Hamburg und Niederland seine ersten Schätze ergattert hatte, im Grunde nur ein Vorwand zur Erweiterung seiner Sammlungen, denen er jedes Opfer brachte. Wollte er jemand recht ehren, so sang er ihm nicht etwa eine Ballade vor. Nein, er schritt feierlich an den Kupferstichschrank, den er eigenhändig nach seinen Entwürfen mit sinnreichen Ornamenten geschmückt hatte, und entfaltete in Weihestimmung ›seine‹ Ostade, Dietrich, Cornelius Bega, Everdingen, Callot, Potter. ›Seine!‹, denn es waren lauter erlesene, gut erhaltene, vorzügliche Abdrücke. Ein Fehler, ein Rißchen oder Stockfleckchen bekümmerte ihn tief; ein verpfuschter Rand konnte ihm die Nachtruhe rauben, und er gab nicht nach, bis seine Sammlung zu der ersehnten Qualität gediehen war. Erwies sich der Beschauer würdig, so durfte er die Dürer [besonders die 20 Blatt des Holzschnittwerkes »Marienleben«], Guras Hausheilige, ganz herrliche Abdrücke, bewundern, und die Schwind und Richter und Neureuther, Originalradierungen in vorzüglichen Exemplaren, respektvoll betrachten, auch Extralieblinge des Meisters.

Die Stiche und Radierungen waren für den Gast der erste Grad der Begünstigung. Hielt er sich brav, so ward ihm der zweite vergönnt: der Einblick in die Handzeichnungen. Sie bildeten eine ganz einzigartige, umfassende Chronik der Münchener Kunst der letzten 50 Jahre *manu propria* von den Künstlern niedergelegt. Wer Gura, der so vielen freundwillig Genuß bot, auch eine Freude bereiten wollte, ihm danken wollte, beglückte ihn durch eine Zeichnung. Und weil die Maler, die ihn ja stets als einen der Ihrigen betrachteten, wußten, daß er was verstand, widmeten sie ihm Gutes und Charakteristisches. Er pflegte stets mit der Seele zu lesen, und das Buch gewann für ihn etwas Persönliches, setzte ihn in Beziehung zum Autor. War es des mehrfachen Wiederlesens nicht wert, so mochte er's in seiner Bücherei nicht leiden. Sein geläuterter Kunstsinn war wie das Siegel seines Selbst allem, was um ihn war, aufgeprägt.« Von diesen Sammlungen ist in der Villa Gura heute nichts mehr erhalten.

Nach längerer Krankheit starb Eugen Gura am 26. August 1906 in seiner Villa auf der Maxhöhe. Die Beerdigung zwei Tage später, am Nachmittag von Goethes Geburtstag, war ein großes gesellschaftliches Ereignis. Die »Münchner Neuesten Nachrichten« berichteten am nächsten Tag in aller Ausführlichkeit. Nach der Aussegnung in der Villa wurde der »schwere Metallsarg (...) auf einen von vier Pferden gezogenen Leichenwagen gehoben und dann unter Vorantritt der Geistlichkeit mit Fahne und gefolgt von den Trauergästen zunächst durch den Wald und dann auf der von Kreuzwegstationen besetzten Landstraße nach dem Friedhofe zu Aufkirchen gefahren«. Eine »zahlreiche Trauergesellschaft« von Vertretern der Hopfoper über Gesangs- und Schauspielkollegen, Kunsthändlern bis zu Abgesandten der Künstlergesellschaft »Allotria« erwies Eugen Gura die letzte Ehre. Sein Grabmal auf

Die kleine Kapelle am Wegrand.

dem Friedhof von Aufkirchen, angefertigt vom prominenten Münchener Bildhauer Adolf von Hildebrand und am 6. August 1907 geweiht, wurde nach dem Verkauf der Grabstätte 1965 leider aus Unkenntnis zerstört. Das Grabmal zeigte Namen und Daten Eugen Guras in einem Lorbeerkranz unter einem Bogen und zwischen zwei musizierenden Kinderengeln, der eine mit Doppelflöte, der andere mit Laute. Der alte Steinmetz, der das Grabmal übernahm, gab die Figuren seinen Schülern zum Üben. Als ihn die Hildebrand-Forscherin Sigrid Esche-Braunfels ausfindig machte, zeigte er sich sehr bewegt über den Umstand und versicherte, dass er einfach nicht gewusst habe, ein Werk von »Meister Hildebrand« übernommen zu haben. Mit Hildebrand dürfte Gura über den Geiger Joseph Joachim und den Komponisten Heinrich von Herzogenberg vermutlich sogar persönlich bekannt gewesen sein. Beide waren Freunde und Förderer von Johannes Brahms, bei dessen künstlerischem Durchbruch während einer von Herzogenberg angeregten

Adolf von Hildebrand (1847–1921): Grabmal für den Sänger Eugen Gura, 1906/07. Ehemals auf dem Friedhof der Dorfkirche von Aufkirchen. Nach Verkauf der Grabstätte 1965 zerstört.

Brahms-Woche in Leipzig 1874 auch Eugen Gura mitgewirkt hatte. Erhalten hat sich von dem Grab nur der Gipsmodel des Laute spielenden Engels sowie ein Foto mit einem rückseitig aufgedruckten Gedicht, das mit den Worten beginnt: »Stumm schläft der Sänger, dessen Ohr gelauscht hat an anderer Welten Tor. ...« Die Familie Gura hatte mit dem Grab in Aufkirchen nach dem Verkauf des Hauses 1908 offenbar nichts mehr zu tun. Guras zweiter Sohn Hermann (1870–1944) wurde wie sein Vater ein bekannter Bariton, Opernsänger und sogar Operndirektor. Dessen Gattin, Annie Gura-Hummel (1884–1964) war, wie auch die gemeinsame Tochter Anita Gura (1911–1978), eine geschätzte Sopranistin an deutschen Bühnen.

Nach vier Vorbesitzern kaufte die Gattin des westfälischen Textilunternehmers und Fabrikanten Conrad Bispink 1926 die Villa Gura samt altem Bauernhof und der »Alm« inmitten eines märchenhaft großen Grundstücks von 120.000 qm für 85.000 Goldmark (Staatsarchiv München, Kataster 25495). Im Jahr 1953 gelangte dieses große »Gut Maxhöhe« an drei Erben, die im Laufe der Zeit immer mehr Anteile abgaben, so dass sich heute von dem einstigen großen Grund um die Villa Gura nur noch ein Bruchteil von rund 7.000 qm erhalten hat.

Ein Nachfolger: Dietrich Fischer-Dieskau

Ein Sänger, den man nicht mehr hören kann, gerät schnell in Vergessenheit. Eine Eugen-Gura-Straße fehlt auf der Maxhöhe bis heute. Bald nach dem Tod Eugen Guras gab es nur noch vereinzelte Erinnerungen an ihn wie die des Schriftstellers Michael Georg Conrad, seltsamerweise wiederum im Zusammenhang mit den Erinnerungen an den verstorbenen Dichter Otto Julius Bierbaum. Mit ihm war Conrad auch häufig am Starnberger See beisammen gewesen, und bei der Revision der gemeinsamen Wege erinnert er sich auch an den alten Sänger: »Zwischen Rottmannshöhe und Dorf Aufkirchen saß der Kammersänger Eugen Gura in seinem reichen Künstlerheim, zeichnete, malte und dichtete an seinen Lebensblättern. Von seinem Turm aus konnte er über den See hinüber nach Deixlfurt blicken, der landwirtschaftlichen Besitzung seines Kollegen Heinrich Vogl.« Man könnte nun sagen: Alles gut und schön, aber Eugen Gura ist eine vergessene Größe von vorgestern. Dem ist aber zum Glück dank prominentester Fürsprache nicht so. Einer der größten Sänger des 20. Jahrhunderts, der Bariton Dietrich Fischer-Dieskau (geboren 1925), hat sich in unmittelbarer Nähe zu Gura angesiedelt und ist sich dieser Nähe deutlich bewusst. Sei es nun der Ortsgeist, der Genius Loci, oder eine andere Verbindung – Dietrich Fischer-Dieskau weiß um die besondere Nachbarschaft, wie er in seinen eigenen Erinnerungen »Zeit eines Lebens. Auf Fährtensuche« (2000) anlässlich eines Gastspiels in Holland 1952 ausführt:

»Dort, in Amsterdam, sah und sprach ich eine Legende aus vergangenen Zeiten: den Liedbegleiter Conraad van Boes. Er konnte von dem großen Schauspieler-Sänger Ludwig Wüllner erzählen, mit dem er viele Jahre unterwegs gewesen war, auch in Amerika: Niemand sei der Faszination dieses Mannes entkommen. Dann saß van Boes am Flügel, wenn Eugen Gura sang, jener frühe Münchener Sachs, mit dem Wagner die Partie noch selbst einstudiert hatte. Damals konnte ich nicht ahnen, daß ich mich einmal auf einem Teil von Guras Grundstück in Berg niederlassen würde.« Der Sänger vom Himbselweg war sogar schon zweimal bei den heutigen Besitzern zu Besuch und hat vor lauter Begeisterung über das schöne Anwesen mit seinen riesenhaften alten Bäumen, in denen es oft beängstigend rauscht wie am Meer, gleich einen Lobgesang angestimmt!

Große Kunst zeichnet sich aus durch Einfühlung und Verständnis. Kein Wunder daher, dass Dietrich Fischer-Dieskau auch als Interpret der von Gura wieder entdeckten Lieder und Balladen Karl Loewes Herausragendes geleistet hat, so sehr, dass die Zeitschrift »FonoForum« 1982 die Aufnahme mit dem Pianisten Jörg Demus besonders hervorhob: »Musikalische Dramen im Kleinformat glänzend interpretiert.« Dagegen lässt sich das Wunder der erinnerten Begegnung zweier herausragender Sänger ihrer Epoche ausgerechnet auf der Maxhöhe am Starnberger See zwar biographisch erklären. Ganz am Ende aber bleibt es doch ein Wunder.

Vom Kastenjakl und anderen Bösewichtern.
Die Maxhöhe in den
Erzählungen von Oskar Maria Graf

Seit einigen Jahren, genauer seit dem 26. Mai 1998, geht auf der Max-
höhe von der Hirschbergstraße ein kleiner Weg ab, der Kastenjaklweg.
Kaum jemand weiß, wer damit gemeint ist. Wer sich allerdings in den
Schriften des selbst ernannten »Provinzschriftstellers« Oskar Maria Graf
aus Berg ein wenig auskennt, kann mit dem »Kastenjakl« eine ganze
Menge anfangen. Wenn er mag.

Der Umgang mit den Büchern Grafs war in der Gemeinde Berg über
Jahrzehnte geprägt von Vorurteilen und Ressentiments. Das ändert sich
zwar seit einigen Jahren und wird immer besser – das Graf-Denkmal vor
der nach ihm benannten Grundschule in Aufkirchen und das ausge-
zeichnete Oskar-Maria-Graf-Stüberl im Geburtshaus des »Provinzschriftstellers« in Berg sind wichtige positive Signale. Doch die Erkennt-
nis, dass man aus den Büchern Oskar Maria Grafs eine Kulturgeschichte
der eigenen Landschaft herauslesen kann, von einer Dichte und Qualität, wie sie so schnell in der näheren und weiteren Umgebung nicht
mehr vorkommen, hat sich noch nicht so recht durchgesetzt. Doch vielleicht braucht man auch hier nur Geduld, und das nahezu unmöglich
Scheinende, eine positive Wahrnehmung der Bücher Grafs in einem sta-
bilen Gleichgewicht aus Selbstbewusstsein und Selbstironie, wird auch
in Berg eines Tages möglich, man braucht nur Geduld, Zeit und vielleicht auch, wie Graf selbst, eine strapazierfähige Lederhose.

Bauspekulant Kastenjakl

Der »Kastenjakl« hieß eigentlich Andreas Graf, lebte von 1814 bis 1885,
und war der Großonkel des späteren Schriftstellers. Zum Verständnis des
»Kastenjakl« als historischer Person ebenso wie als literarischer Figur in Oskar Maria Grafs kulturgeschichtlicher Erzählung »Das Leben meiner Mutter« (1946) muss man ein wenig in der Familiengeschichte zurückgehen.

Max Wagner (geb. 1956): Oskar Maria Graf. Bronze, 1994. Aufkirchen.

84

Die Familie Graf stammt nicht aus der Gegend. Die väterlichen Ahnen des Autors sind als Abkömmlinge von Waldensern aus dem Salzburgischen vertriebene Lutheraner gewesen, deren freigeistiges, obrigkeitswidriges Denken erst recht im erzkatholischen Bayern auf Widerspruch stoßen musste. In einem Brief an seine Schwester Therese vom 16. November 1937 aus dem Exil in Brünn erinnert sich Graf, »wie unser Vater gegen das Katholische unserer lieben Mutter voreingenommen war. Von unserem Vater selig haben wir Kinder unsere Freidenkerei, nicht von der Mutter!« Gleich darauf zieht Graf in diesem Brief das Resümee seiner Familiengeschichte: »Wir Grafs waren also eigentlich ›Eingewanderte‹, waren Vertriebene, waren *Emigranten* am Anfang!! Und wir haben uns durch Vaters Heirat mit Mutter mit Eingesessenen vermischt. Das ist eine ganz wichtige Sache für die Entwicklung unserer Familie, für die Ansichten, die wir alle (wir Kinder!) haben, das ist der geistige Grundstock unserer Charaktere!«

Ausführlich stellt Graf im »Leben meiner Mutter« die Geschichte der grausamen Waldenser-Verfolgungen durch die Jahrhunderte dar. Die Waldenser waren eine religiöse Laienbewegung des 12. Jahrhunderts um Petrus Valdes aus Lyon, der das Ideal sozialer Gleichheit auf der Grundlage gegenseitiger Hilfe lehrte. Sie lehnten Eid, Kriegsdienst, Todesstrafe und andere obrigkeitliche Verfügungen ab und ließen nur drei Sakramente (Taufe, Abendmahl, Buße) gelten. Graf führt aus: »Ihre lange und blutige Geschichte hatte sie gelehrt, daß Vaterland und Obrigkeit äußerst fragwürdige, unbeständige Dinge seien. Sie waren vielmehr wahrhafte Streiter für den Geist, und das war auch ihr Fluch. Auf sie fiel überall die Rache der Gegenreformation mit all ihrer unmenschlichen Grausamkeit (...) bis zur berühmten Salzburger Ketzeraustreibung des Bischofs Firmian in den Jahren 1730 bis 1732.« Von Salzburg aus emigrierten Grafs in alle Richtungen. Einige gelangten schon damals nach Amerika; angeblich im Haus eines Jacob Graff in Philadelphia, so erzählt Graf stolz, entwarf Thomas Jefferson (1743–1826), der dritte Präsident der Vereinigten Staaten von Amerika, 1775 die amerikanische Unabhängigkeitserklärung. Ein anderer Graf kam an den Starnberger See. Das war der Vater des »Kastenjakl«.

Dieser erste nachweisbare Graf-Ahne in Berg namens Andreas (1786–1841) war als einfacher Tagelöhner und Mäher aus Ammerland nach

Das Bäck-Anwesen in Berg, Geburtshaus von Oskar Maria Graf.

Berg gekommen und hatte dort als Stellmacher und Pferdehändler sein Auskommen gefunden, bevor er am 15. März 1831 das »Bäckenanwesen« (Haus Nr. 15, später 17) in Berg für 916 Gulden vom Vorbesitzer Joseph Neumayr erwarb. Der Hausname leitet sich ab von der so genannten Bäcker-Gerechtigkeit, die auf dem Haus lag und die Möglichkeit zur Eröffnung einer Backstube bedeutete. Mit seiner Frau Theresia Anna Reiser (1791–1861) hatte Andreas Graf zwei Söhne, Andreas junior (1814–1885), den späteren »Kastenjakl«, und den jüngeren Lorenz (1816–1874), der das Bäck-Anwesen übernahm und der Großvater des kleinen Oskar wurde.

Der »Kastenjakl« ist nun mehrfach interessant. Auf der einen Seite hat er bereits als historische Person mehrere Talente gezeigt und sich als Zimmermann, Architekt und Familienchronist versucht. Andererseits bekommt er in der Erzählung seines Großneffen eine Rolle zugewiesen, die sich auf bezeichnende Weise von den nachprüfbaren Daten unterscheidet. Aber der Reihe nach.

Anfang Mai 1842, also knapp ein halbes Jahr nach dem Tod ihres Mannes Andreas, der Anfang Dezember 1841 gestorben war, ließ seine Witwe Theresia Graf, die »Bäckin von Berg«, das Haus Nr. 15 »nebst der Bäckergerechtigkeit« überraschenderweise nicht auf ihren älteren Sohn Andreas, sondern auf den jüngeren Sohn Lorenz überschreiben. Kurz darauf heiratete Lorenz am 4. August 1842 Maria Anna Pollinger (1814–1891) und festigte damit seine neue Rolle als »Bäck von Berg«. Sein Bruder Andreas sah sich in der näheren Umgebung nach einem Ersatz um und wurde bald nach der Hochzeit seines Bruders fündig. Ein gewisser Georg Bäck, der »Kastenjakl« von Berg, gab amtlich an, »daß er sein freieigenes Gütchen, Hsnr. 25 in Berg [bestehend aus einem Viertel-Tagwerk Wohnhaus, Nebengebäude mit Garten und vier Tagwerken Waldungen] an seine großjährige Tochter Viktoria Bäck über-

Schutzpatronin des Hauses ist die Madonna mit Kind und Brez'n.

geben habe. Dieselbe gedenkt sich aber hierauf mit Andreas Graf, Bäckensohn von Berg, zu verehelichen. Andreas Graf, angehender Besitzer benamten Gütchens, übernimmt die hierauf bestehenden Abgaben und unterzeichnet« (Staatsarchiv München, Kataster 20478).

So also, durch die Heirat mit Viktoria Bäck, bekam der ältere »Bäckensohn« von Berg seinen neuen Hausnamen »Kastenjakl«. Das Kastenjakl-Gütl stand übrigens, laut Schober, in Unterberg direkt am See neben der heutigen Villa Poschinger. Der »Kastenjakl« behielt den Namen seines Gütls auch nach dem Verkauf 1864 an Josef Schweiger, den Direktor des Volkstheaters in der Münchener Au. Schweiger ließ das Kastenjakl-Gütl zugunsten einer neuen Villa abreißen, die wiederum vor einigen Jahren dem heutigen Neubau an der Seestraße 5 Platz machen musste.

So weit die Dokumente in den Archiven. In der Erzählung vom »Leben meiner Mutter« stellt Oskar Maria Graf die Lebensgeschichte seines Großonkels freilich ganz anders dar. Schon der Name selbst wird anders abgeleitet. Graf erklärt mehrmals, sein Großonkel habe »wegen seiner unbegreiflich waghalsigen Grundstücksspekulationen und wegen seiner fast anrüchig erscheinenden Baulust«, noch dazu »wegen seines unruhigen Erfindungsgeistes und seiner geschäftlichen Weitsicht« den Namen »Kastenjakl« erhalten. Der Name wäre also ein etwas zweideutiger Spitzname. Es gibt aber sogar noch eine zweite Erklärung für den Namen. Graf leitet ihn auch von der Tatsache ab, dass der Zimmermann Andreas Graf »einige vielbewunderte Schränke« mit einem besonderen Schlüsselmechanismus versehen habe. Wenn man dadurch immerhin vom erlernten Beruf des Kastenjakl erfährt, so dürfte dieser Hinweis doch eher nur eine weitere Verschlüsselung der wahren Namensherkunft sein. Graf stellt also einiges an, um die Tatsache zu verschleiern, dass der Kastenjakl ein Hausname gewesen ist, wo doch, wie er in der Geschichte »Der Anbinder« seines »Bayrischen Dekameron« (1928) selbst erklärt, gerade »bei uns« in Bayern »die eingesessenen Leute nach den Häusern genannt« werden.

Diese Verschleierung hat sicher mehrere Gründe. Der möglicherweise interessante Konflikt zwischen den Brüdern Andreas und Lorenz wegen der geänderten Erbfolge wird ja ebenso ausgeblendet wie die Heirat des Kastenjakl mit Viktoria Bäck. Stattdessen erfindet Graf für seinen

Großonkel eine ganz eigene Geschichte. Und dabei kommt auch die Maxhöhe in den Blick.

Maxhöhe als Kalkül

Von dem kleinwüchsigen Kastenjakl heißt es im Abschnitt »Veränderungen«, mit welchem geradezu teuflischen Kalkül er auf die Maxhöhe einheiratet: »Er liebte die Menschen nicht, aber er suchte sie beständig. Er brauchte sie wie der Bauer den Pflug, wie der Soldat das Gewehr. Schon nahe an den Fünfzig hatte er seinerzeit die einzige, grundhäßliche Hupfauer-Tochter von der ›Maxhöhe‹ überraschend schnell geheiratet. Die Hupfauer-Geschwister waren alle kränklich und nacheinander weggestorben. Enge, scheu und stumpfsinnig wirtschafteten die Annamarie und ihre eisgraue Mutter weiter.«

Oskar Maria Graf könnte demnach zumindest aus mündlicher Überlieferung gewusst haben, dass der Maurermeister Joseph Hupfauer aus Berg 1872 ein Wohnhaus auf der »Maximilianshöhe« gebaut hatte. Weiterhin gehörte zum großen Grund auf der Maxhöhe tatsächlich ein alter Bauernhof, der erst vor kurzem an einen privaten Besitzer verkauft worden ist. Das Hupfauer- und das Bauernhof-Motiv verband Graf in seiner Erzählung mit den Plänen seines Großonkels zu einer völlig neu erfundenen Geschichte. So stimmt die folgende Ortsangabe zwar nicht, liegt die Maxhöhe doch südwestlich von Aufkirchen, aber von dieser Unschärfe hebt sich der Plan des Kastenjakl nur umso schärfer ab: »Ihre östlich von Aufkirchen gelegene, versteckte Einöde war ein ziemlich unansehnliches Gehöft, zwar vernachlässigt, aber schuldenfrei. Niemand in der ganzen Pfarrei beachtete die ›Maxhöher‹. Der Andreas tauchte öfter bei ihnen auf und half beim Einernten mit. Eines Sonntags kam er ins Stellmacher-Haus nach Berg zurück und war gut gelaunt. ›Lorenz‹, sagte er verborgen hämisch zu seinem Bruder, ›du wirst auch froh sein, wenn ich endlich beim Teufel bin, oder? (...) Ich heirat' nämlich jetzt. Ein Goldfischl hat an'bissen, zappeln tut's auch und gar lang wird's mir nicht bleiben‹, meinte der Andreas und erzählte, daß er mit der Hupfauer-Annamarie einig geworden sei. ›Und‹, setzte er abgebrüht dazu, ›die Alte pfeift auch schon auf'm letzten Loch.‹«

Das ist starker Tobak, aber die Schätzung stimmt: »Wie der Kastenjakl überlegt hatte, so ging die Rechnung aus. Die alte Hupfauerin starb
noch im selben Jahr, und nach wiederum ein und einem halben Jahr war
er Witwer auf der ›Maxhöhe‹. Pläne hatte er, immer neue Pläne, und was
er sich einmal in den Kopf gesetzt hatte, das führte er stets mit behutsam wägender List und großer Beharrlichkeit durch.«

Bauvorhaben

Mit dem erheirateten Grundbesitz beginnt der Kastenjakl in der Erzählung seine ausgedehnte Bautätigkeit: »Zur Überraschung aller, die ihn
kannten, hatte er unmittelbar nach seiner Verheiratung – scheinbar sinn-
und zwecklos – auf ein Grundstück am See-Ufer, das den Hupfauers gehörte, ein herrschaftliches Landhaus bauen lassen und dabei sein ganzes
Bargeld geopfert. Das soll, wie erzählt wurde, der alten Hupfauerin das
Leben gekostet haben; denn sie hatte sich mit aller Kraft vergeblich dagegen gewehrt und ihren Schwiegersohn überall als niederträchtigen Erbschleicher bezeichnet. Man wollte sogar wissen, die alte Bäuerin und der
Kastenjakl seien deswegen einige Male handgemein miteinander gewesen.« Ist der Ruf erst ruiniert – der Kastenjakl soll mit dem auf besagte
Weise erheirateten Bargeld das »›Seewiesenhaus‹« südlich von Berg gebaut
haben, das später [1866] dem Schriftsteller Friedrich Wilhelm Hackländer gehört habe. Dabei handelt es sich aber um das erste Landhaus des
Hofbaurats Johann Ulrich Himbsel aus dem Jahr 1827 (vgl. S. 41). Und
dieses Haus dürfte der 1814 geborene Andreas Graf schwerlich schon mit
13 Jahren erbaut haben. Hier gehen beim »Kastenjakl« historische und
epische Wahrheit deutlich nachweisbar auseinander. Dennoch, in der Erzählung wird der Kastenjakl mit seiner skrupellosen Art zum »sinnfälligen Beispiel«, wie Graf das nennt, für den Bauunternehmer, der buchstäblich über Leichen geht. Der Respekt davor stellt sich ebenfalls bald
ein: »Die Leute begriffen rasch, was der Kastenjakl im Sinn gehabt hatte,
und – wie das stets zu sein pflegt – sichtbarer Erfolg übertüncht sehr
schnell die dunklen Flecken auf dem Charakterbild eines Menschen. Insgeheim bekam man Respekt vor dem weitsichtigen ›Maxhöher‹. Bald verstummten die üblen Nachreden wegen der Hupfauerin.«

90

Der Grund dafür ist, dass man sich nicht gegenseitig den Fremden-verkehr streitig machen will, der nach und nach zur wichtigsten Einnah-mequelle der Seelandschaft wird. Und wenn auch in der folgenden Schilderung Grafs der touristisch gewandelten Gegend sich der kleine Fehler findet, dass die Rottmannshöhe nie im Besitz des Malers gewe-sen ist, und dass das erste »Dampfboot« schon in den 1850er-Jahren auf dem See fuhr, so lässt sich doch an diesem kulturgeschichtlichen Brenn-punkt unterhalb der Maxhöhe das Kalkül des Kastenjakl besonders gut ablesen: »Leoni nämlich«, heißt es weiter im Abschnitt »Veränderun-gen«, im unmittelbaren Anschluss an den Kastenjakl als »weitsichtigen ›Maxhöher‹«, »Leoni nämlich, das so geheißen wurde, weil vor Jahren ein italienischer Kammersänger gleichen Namens sich direkt ans Ufer eine pompöse, aufdringlich beherrschende Villa hatte bauen lassen, war schon lange ein begehrter Fremdenort. Schroff dahinter stieg eine fast senkrecht steile Hügelwand – halb Wiesengrund und halb Laubwald – empor, welche auf ihrer Höhe flachen Feldern Raum gab, die sich nach kurzer Unterbrechung wieder hügelan bis nach Aufkirchen hinaufzo-gen. Südwärts des Hochplateaus, wieder auf einem dunkelbewaldeten Hügel, lag der herrliche Besitz des in den fünfziger Jahren verstorbenen berühmten Malers Karl Rottmann, dessen Erben schon lange einen Käufer dafür suchten, und die das weitläufige, flachdachige, an das Ver-sailler Königsschloß gemahnende Gebäude langsam verwahrlosen lie-ßen. In Leoni, im gastfreien Haus des kunstsinnigen Baumeisters Him-sel, verbrachten viele Maler wie Wilhelm Kaulbach und Moritz von Schwind den Sommer und schmückten zum Dank die Fassade des Hau-ses mit schönen, farbenreichen Fresken. Nur zwei Fischer, der Schropp und der Gastl, waren alteingesessene ›Leoniger‹. Als in den sechziger Jahren das erste Dampfboot den Starnberger See befuhr, bekam der Ort einen Anlegesteg, und Gastl wurde Stegwart.« Die Bauvorhaben, so die Botschaft dieser Stelle, werden sich in der prosperierenden Gegend al-lemal rentieren. Doch die Rechnung ging für den »Kastenjakl« nicht ganz auf.

Im Gegensatz zur literarischen bauwütigen Figur ist der historische »Kastenjakl« Andreas Graf sicher nachweisbar einzig und allein als gescheiterter Bauherr seines »Schlösschens« oder »Schlössl« oberhalb von Leoni (heutige Adresse: Am Kreuzweg 94), einem der schönsten Häuser am Ostufer. Den Grund dafür erwarb er im Oktober 1863. Im Jahr darauf verkaufte er sein »Kastenjakl«-Gütl an die »Theaterdirektorsgattin« Anna Schweiger. Mit diesem Geld wollte Andreas Graf seine Baupläne in die Tat umsetzen. Aber das mit dem erheirateten Kapital erbaute »Landhaus mit Garten« (Haus Nr. 28 $^1/_2$) in Berg brachte dem Kastenjakl kein Glück. Er verspekulierte sich, das Haus musste noch vor seiner Fertigstellung 1865 verpfändet werden. Der alte Andreas Graf zog in ein Austragsstüberl im Aufkirchener »Gasthof zur Post«, wo er 1885 starb. So weit wieder die Dokumente aus den Archiven.

Ganz ähnlich verfährt der Kastenjakl in der Erzählung Oskar Maria Grafs. Ihm sticht der Acker oberhalb von Leoni ins Auge, auf dem heute sein »Schlösschen« steht. Noch ist er im Besitz der Heimrath-Bäuerin aus Aufhausen, deren Tochter 1880 den Bäcker Max Graf, Sohn des Lorenz und damit Neffen des Kastenjakl, heiraten wird. Um an dieses prächtige Grundstück oberhalb des Sees zu kommen, scheut der ehrgeizige Spekulant keine Missetat: »Alles mögliche hatte er schon probiert. In finsteren Nächten umschritt er manchmal das Grundstück, blieb stehen am Rand des steil abfallenden Hügelkammes und schaute hinunter auf die weite, stille Fläche des Sees. Er knirschte mit den Zähnen und brummte: ›Es muß mir gehören, es muß!‹ Er schleppte einen Sack mit, lauter Steine waren darin. Er schlich spähend über den sprossenden Acker und übersäte ihn mit Steinen. Die Sensen der Aufhauser wurden schartig davon. Er grub Engerlinge aus und pflanzte sie heimlich in den Heimrath-Acker. Am liebsten hätte er nachts nach der Aussaat Gift gestreut oder den reifen, wogenden Segen angezündet. Doch das war zu riskant.«

Immerhin fällt die Ernte schlecht aus. Dann macht sich der Kastenjakl auf dem Jahrmarkt von Aufkirchen an die 15-jährige Resl Heimrath heran, fragt, wie es der Mutter gehe, kommt am Nachmittag auf den Hof zu Besuch, und schafft es, einen eigenen Acker von sich gegen das angestrebte Baugrundstück oberhalb von Leoni einzutauschen. Dann

Das ehemalige Kastenjakl-Schlössl (l.) oberhalb von Leoni mit angrenzendem Neubau.

geht es los mit dem Bau, der Kastenjakl ist immer dabei, prüft und mustert alles. »Zuletzt trat er an den Rand des Ackers und sah von dieser steil abfallenden Stelle aus hinunter auf Leoni, auf den ruhigen See, auf die anderen Ufer, die langsam im Dämmer verschwammen. Dann bekam er ein zufriedenes Gesicht.«

Doch auch im Buch bringt der Bau dem Kastenjakl kein Glück. Wie in der Wirklichkeit verspekuliert und ruiniert er sich und wird zuletzt gepfändet. Ein »pensionierter Leibkutscher des königlichen Hofes« kauft die Maxhöhe und lässt den Kastenjakl gnädigerweise »in einer kleinen Kammer weiter wohnen«. Ohne sein Wissen finanziert ihm sein Neffe, der Bäcker Max Graf, ein Austragsstübchen im Gasthof zur Post in Aufkirchen. Dort findet Max, laut Erzählung, nach dem Tod des Kastenjakl in der völlig verwahrlosten Kammer die schon erwähnte Familienchronik. Darin gibt es auch einen Ausblick auf die Zukunft, der Max und seine Kinder direkt betrifft: »[Der Maxl] wird weiter kommen als ich, und zu hoffen ist, daß er irgendein stockiges christkatholisches Weibsbild mit Geld hinters Licht führt und einfangt, das ihm Kinder bringt. Macht's er nicht ganz, so wird's eines der Kinder zu End' bringen.« So wäre das ganze Streben des Kastenjakl am Ende nichts anderes gewesen als eine unentwegte Rache gegen diejenige »Menschensippe«, die den ehemaligen Waldensern so viel Leid zugefügt hatte. Ob damit der skrupellose Bauspekulant im Nachhinein noch vom Täter zum Opfer werden wollte, bleibe dahingestellt.

Am Ende

Wie auch immer – der Kastenjakl ist in Oskar Maria Grafs Erzählung »Das Leben meiner Mutter« auf jeden Fall nicht historisch, sondern episch ›wahr‹. Eine zeitliche Verschiebung dient der erzählerischen Deutlichkeit. So stirbt der Kastenjakl nicht kurz vor der Hochzeit von Max und Resl (1881), sondern erst lange danach (1885). In der Erzählung ist aber der Kontrast zwischen dem Tod und der Heirat kurz darauf wichtig und deshalb liegen die beiden Ereignisse in der neuen Reihenfolge eben nahe beieinander. Sachliche Unschärfen können durch die mündliche Überlieferung und die Distanz des Exils erklärt werden. Die völlige Neuformung der Kastenjakl-Ehe in der Erzählung hat jedoch einen ganz konkreten Sinn: Graf will nicht historisch ›wahr‹ erzählen, sondern das Bild des typischen, kompromisslosen Spekulanten verstärken; Lebensart und Schicksal seines Großonkels schienen ihm als Grundzug dafür am besten geeignet. In Grafs Erzählung bekommt der Kastenjakl auf diese Weise die Funktion der Gegenfigur zur bodenständigen und realistisch dargestellten Mutter.

Ein merkwürdiger Vergleich im Buch zeigt noch eine weitere Dimension auf. Max Graf, Oskars Vater, sieht nach dem Scheitern des Kastenjakl eine Parallele zwischen dem Onkel und den Bauplänen König Ludwigs II.: »›Der Kastenjakl ist genau so wie der König Ludwig, aber – weiß der Teufel! – sein Unglück ist bloß, daß er als armer Mensch auf die Welt 'kommen ist ...‹«.

Der Kastenjakl ist als Familienchronist der ›literarische‹ Ahne des »Provinzschriftstellers« Oskar Maria Graf. Die literarische Figur geht jedoch als »sinnfälliges Beispiel« eines skrupellosen Bauspekulanten in einer Zeit, da sich die Seelandschaft der Fischer und Bauern fundamental in ein Gebiet des Tourismus wandelte, über die einstige historische Person weit hinaus. Die Maxhöhe ist dafür der geeignete Schauplatz, weil sich der Kastenjakl von diesem abgelegenen Ort unbehindert aufmachen kann, die Baugründe am Ostufer zu erobern.

»Sinnfälliges Beispiel«

Ebenso wie der Kastenjakl scheint auch der Baron Minor von der Maxhöhe aus der Erzählung »Die Firmung« bei Oskar Maria Graf eher eine literarische Erfindung zu sein und nicht unbedingt ein konkretes Vorbild zu haben. Sehr wahrscheinlich ist dieser Baron Minor ein weiteres »sinnfälliges Beispiel« im Reigen der Figuren des »Provinzschriftstellers« aus Berg. Dieser Begriff ist für das Verständnis der Graf'schen Erzählungen von derart zentraler Bedeutung, dass er hier kurz erläutert werden soll.

Ein Hauptthema in den »ländlichen Geschichten« Grafs ist der Zusammenprall von Städtern und Bauern. So ist der »Kaslmeier« aus den »Kalendergeschichten« (1929) als einer, wie es heißt, »der nicht umzubringen ist«, ein erstes »sinnfälliges Beispiel« für die bitteren Wahrheiten, die sich aus der weit reichenden Kollision von Stadt und Land ergeben, die wiederum naturgemäß wenig werbewirksam ist und dem Autor lange Zeit, bis in unsere Tage, den Vorwurf eingebracht hat, er sehe alles mit Absicht zu düster. Zu Beginn der Geschichte vom »Kaslmeier« heißt es also programmatisch: »Ein Dorf, solange es nicht durch besondere Umstände als Ganzes von außen her eine Einnahmequelle erschlossen bekommt, bleibt eine gute Gemeinschaft. Die Menschen darin leben verträglich nebeneinander. Gemütlich verläuft der Tag und das Jahr. Wenig oder gar keine Neuerungen gibt es. Ein Bäcker ist da, vielleicht noch ein Krämer, aus ist's. Fängt aber beispielsweise wo der Fremdenverkehr an, zeigt sich auf irgendeine andere Weise, daß mit bisher unbeachteten Dingen ein Geschäft zu machen ist, dann spukt es. Der einfache Landmensch wird sofort zum Händler, er verändert sich und wird ein widerwärtiges Gemisch von Städter und Ländler, er entwickelt sich zum gierigen, muffigen Provinzler. In solch einem ›aufblü-

Vom berühmten »Café Maurus« ist nur die kleine Laterne erhalten.

henden‹ Dorf taucht neben dem Bäcker gleich ein Konditor, neben dem
Krämer ein Konkurrent, neben dem Wirtshaus ein ›Restaurant‹ auf. Die
Leute werden verlogen und servil, einer mißgönnt dem andern das Geschäft, am liebsten möchten sie einander auffressen. Neid, Bosheit und
Mißgunst fangen ihr Unwesen an. Und weil es in den meisten Fällen so
ist, daß die Einheimischen einander gegenseitig alle erlaubten Hinder-
nisse in den Weg legen, passiert es stets, daß Fremde kommen, sich ein-
nisten, Geschäfte eröffnen und dabei gewinnen. Jener böse, kleine Krä-
mergeist, dessen Ausgangspunkt die zänkische Raffgier ist, zieht ins
Dorf und zerstört die einstige Gemeinschaft. Aber das ist schließlich auf
der ganzen Welt so. Im Großen nicht anders als im Kleinen. Meinetwe-
gen also kann man Himmelberg als sinnfälliges Beispiel dafür nehmen.«

Weitere Beispiele dieser Art sind bei Graf die Ablösung der alten,
längst verschwundenen Gaststätte Wiesmaier in Unter-Berg durch das
neue Schlosscafé um 1920. Oder der Ärger des einheimischen Kondi-

96

tors Maurus Graf, des Bruders und literarischen Anregers, etwa zur selben Zeit über die Bevorzugung von Fremden bei der Erteilung einer Lizenz für den Betrieb eines Cafés.

Es gibt aber auch nettere Beispiele, wie das des reichen Fräulein Knecht, einer Hotelbesitzerin aus München, die Graf als Beispiel für »Unsere Freundlichkeit«, also die Freundlichkeit der kleinen »Dorfbanditen« anführt: »Besonders umlauert ist von uns ein Fräulein Knecht worden. Das war eine große, hochbusige, immer sehr auffällig gekleidete Dame, die wo immer schon von weitem geduftet hat. Sie hat blitzende Halsketten umgehabt, ihre Hände waren voller Ringe, jeden Tag ist sie durch das Dorf stolziert und hinter ihr her liefen zwei ganz kleine, langhaarige Schoßhunde. Es ist auch manchmal ein älterer Herr mit Zwicker und grauem Vollbart mit ihr gegangen und gewohnt hat sie in einer eigenen Villa am See. Im Dorf ist gesagt worden der Herr ist ihr Galan und sie lebt im Konkubinat. Wir haben uns unter dem letzteren etwas undenkbar Reiches

Die ehemalige Villa Knecht in Berg am Seeufer.

vorgestellt und da muß schon etwas dran gewesen sein. Wenn wir nämlich dem Fräulein Knecht die Hand gedrückt haben, dann hat sie sehr
freundlich gelächelt, ihre silberne Handtasche aufgemacht und uns meistens zwanzig Pfennig, sehr oft aber sogar ein Fufzgerl geschenkt. Der
Kramerfeichtmartl, mein bester Freund, ist alsdann auf die Idee gekommen, daß man dem Fräulein Knecht wegen einer solchen Freigiebigkeit
schon mehr bieten muß. Und auf das hin haben wir ihr meistens einen
Büschel Schlüsselblumen oder Anemonen gegeben. Das hat sehr gewirkt
und jetzt sind die geschenkten Fufzgerl viel öfter geworden.« In der kleinen Anekdote versammelt Graf alle wichtigen Aspekte der besonderen Situation am Starnberger See um 1910: Einheimische staunen über die selt-
samen Lebensformen der Fremden und die fremden Begriffe dafür,
raunen sich Bedenken zu, nehmen aber mit Kalkül das Geld der Fremden an, weil sie darauf angewiesen sind.

Baron Minor und »Die Firmung«

In dieser Galerie »sinnfälliger Beispiele« ist der Baron Minor von der
Maxhöhe aus der Erzählung »Die Firmung« also ein weiteres Exemplar.
Diesmal kommt der fremde Herr aus der Stadt jedoch nicht als Feind
aufs Land, sondern als zahlungskräftiger Freund, der freilich nicht ganz
uneigennützig agiert. Sein Ziel ist es, möglichst viele Stimmen der Bauern zu gewinnen, um nach der Reichtagswahl als Abgeordneter nach
Berlin gehen zu können.

Erschienen ist »Die Firmung« als ausdrücklich so bezeichnete »Bauerngeschichte« erstmals im Januar 1925 in drei Folgen der »Münchner
Post«. In die Geschichten der »Dorfbanditen« (1932), der Sammlung
von Erlebnissen aus Grafs Schul- und Lehrlingsjahren, wohin die »Firmung« thematisch ja unbedingt gehört, wurde »Die Firmung« allerdings zunächst nicht aufgenommen, was ein wenig verwundert, da doch
die »Dorfbanditen« an Ludwig Thomas berühmte und erfolgreiche
»Lausbubengeschichten« (1905) erinnern sollten. Doch Grafs »Dorfbanditen« sind viel persönlicher und existenzieller gehalten als die
»Lausbubengeschichten« Thomas; Graf hat Gewalt und Tod zum Thema und zeigt die großen Risse in der vermeintlich ›heilen‹ ländlichen

Welt. Das Buch endet entsprechend abrupt mit der Geschichte »Der Tod ist überall daheim« und berichtet, wie der 14-jährige Oskar auf seinen Brotwegen nach Kempfenhausen innerhalb weniger Jahre zwei Selbstmörder – einen wahnsinnig gewordenen Theologiestudenten und die auf dem Aufkirchener Friedhof bestattete Baronesse Elisabeth von Kap-Herr (1886–1908) – zufällig auffand und darüber selbst beinahe den Verstand verloren hätte. Als Graf die »Dorfbanditen« nach Krieg und Exil einer gründlichen Revision unterzog, einige Geschichten herausnahm, neue dafür brachte, und den für die 60er-Jahre ›aktualisierten‹ Titel wählte: »Größtenteils schimpflich. Von Halbstarken und Leuten, welche dieselben nicht leiden können« (1962), da nahm er auch die vergleichsweise harmlosere »Firmung« in die neue Sammlung auf.

Der Schauplatz

Der Eingang der »Bauerngeschichte« vermittelt Authentizität. Person, Ort, Zeit, alles klingt plausibel: »Wie der Baron Minor die ›Maxhöhe‹ gekauft hat und dort eingezogen ist, haben wir Fünftkläßler in der Religionsstunde gerade Unterricht über unsere Firmung gehabt. Die ›Maxhöhe‹ ist eine ziemlich große Villa zwischen Siebichhausen und unserem Pfarrdorf Aufkirchen gewesen, fast schon ein Schloß, bloß ein Turm hat ihr gefehlt. Ganz einschichtig ist sie in einem umfänglichen Park mit dicht zusammengewachsenen alten Tannenbäumen gestanden, daß man gar nichts von ihr gesehen hat. Der hohe Gitterzaun mit der undurchsichtigen Hecke dahinter ist schon arg verrostet gewesen und hat da und dort Löcher gehabt. Da sind wir oft durchgeschloffen, haben im Park Indianer gespielt oder sind aufs Dach gestiegen und da droben herumgekraxelt, aber sonst haben wir nichts weiter machen können, denn die drei weißen Kamine sind sehr hoch gewesen und waren mit glatter Ölfarbe gestrichen, daß wir immer ausgerutscht sind, wenn wir hinaufsteigen haben wollen. Drunten herum ists auch nicht anders gewesen: Alle Fenster und Türen der Villa waren mit festen Fensterladen geschlossen, die Stallung und Wagenremise und das Brunnenhaus sind genauso abgesperrt gewesen, sogar mit starken Eisengittern an den Fenstern.«

Ein Baron Minor als Hausbesitzer auf der Maxhöhe ist nicht nachweisbar. Als ein mögliches Vorbild dafür kommt zunächst ein Baron Holzschuher in Frage, der als Kunstmaler sein Haus auf dem heutigen Grundstück Maxhöhe 32 neben dem alten Försterhaus »Maria Waldrast« allerdings schon vor 1900 erbaut hatte; wirtschaftliche Schwierigkeiten zwangen ihn um 1910 zur überraschenden Aufgabe seines Besitzes. Mit der »Maxhöhe« in Grafs Erzählung könnte vielleicht auch das etwas versteckte Gebäude des alten Gutes Aufhausen an der heutigen Oberlandstraße 22 gemeint sein, das immerhin ebenfalls drei Kamine aufweist; doch dagegen spricht der Umstand, dass das Haus sehr weit weg von der »Maxhöhe« um das alte Kernhaus der Villa Gura liegt.

Einmal angenommen, es handele sich bei der »Maxhöhe« in Grafs Geschichte um die Villa Gura, die nach dem Tod des Sängers 1906 vielleicht einige Zeit leer gestanden hat und im November 1908 von den Erben an den Fabrikanten Dr. Otto Walther verkauft wurde, dann könnte der 14-jährige Oskar Graf im selben Jahr tatsächlich Firmling gewesen sein. Dazu kommt später in der Geschichte noch der Hinweis auf die Reichstagswahlen, für die der »Baron Minor« kandidiert und die allerdings ein Jahr früher, am 25. Januar 1907, stattfanden. Bei diesen Reichstagswahlen erhielten die Sozialdemokraten zwar mehr Stimmen als bei der Wahl 1903, büßten jedoch aufgrund der Wahlkreisverteilung 38 ihrer vormals 81 Sitze ein. Der Wahlkampf bei dieser so genannten »Hottentottenwahl« war durch die Auseinandersetzung über die Weiterführung des Kolonialkriegs in Deutsch-Südwestafrika geprägt.

Da zudem feststeht, dass der Schüler Oskar Graf von 1900 bis 1906 die Volksschule und bis zum Frühjahr 1907 die »Werktagsschule« in Aufkirchen besuchte und danach auf die Sonntagsschule für Bäckerlehrlinge ging, dürfte die Geschichte von der Firmung tatsächlich auf die Zeit um 1907 datierbar sein, auch wenn die Reihenfolge der einzelnen Abläufe etwas anders war und die »Maxhöhe« alias Villa Gura erst *nach* der Reichtagswahl gekauft wurde. Wie sehr bei Oskar Maria Graf zeitliche Abläufe zugunsten einer plausiblen literarischen Figur verändert werden können, hat sich an der Figur seines »Kastenjakl« bereits anschaulich zeigen lassen. Damit aber ließe sich die von Graf erwähnte

Villa Gura mit den drei Kaminen.

»Maxhöhe« zumindest vom Standort her als ehemalige »Villa Gura«
identifizieren. Die »drei weißen Kamine« lassen sich noch heute auf dem
Dach feststellen. Stallung, Wagenremise und Brunnenhaus sind jedoch
verschwunden. Und auch die Bemerkung, die Villa habe keinen Turm
gehabt, passt nicht ins Bild. Vielleicht aber hat Graf gerade diesen markanten Faktor verändert, um eine allzu direkte Identifizierung zu ver-
hindern und vom lokalen Ereignis weg den angestrebten typischen Charakter seiner Geschichte, den Konflikt des fremden und reichen Städters
mit den einheimischen Bauern, hervorheben zu können.

Reicher Segen

Wie und wo auch immer: In der Maxhöhe zieht neues Leben ein und
besonders die einheimischen Handwerker profitieren vom großzügig fi-
nanzierten neuen Schwung: »In der Maxhöhe hat schon lange kein

Mensch mehr gewohnt, und man hat überhaupt nicht gewußt, wem sie eigentlich gehört. Der Minor hat da sehr schnell Leben hineingebracht und alles neu herrichten lassen, den Zaun, die Wege, Stallung und Brunnenhaus und das Inwendige von der Villa. Er ist ein Junggeselle oder vielleicht auch ein Witwer gewesen, und wenn er auch hochdeutsch geredet hat und jeden Tag städtisch angezogen gewesen ist, gleich hat er sich beliebt gemacht, weil er alles von Einheimischen richten hat lassen. Hübsch reich muß er sein, hat es geheißen, und der Maurermeister Himsel, der Zimmermann Strobl von Bachhausen, der Spengler Hoschka von Starnberg und unser alter Schreiner Wammetsberger haben alle gesagt, kniggerisch ist er durchaus nicht, im Gegenteil, schon eher hochnobel, barzahlen tut er und abhandeln gibts bei ihm nicht, und wenn einer mit der Rechnung kommt, kriegt er etliche Glas Schnaps und eine hochfeine Zigarre. So was von einem legeren, handsamen Menschen wie der Baron, hat der Himsl bei uns im Laden gesagt, das trifft man ganz selten.«

Und damit nicht genug. Kaum sind die Umbauarbeiten abgeschlossen, werden Einheimische auch als Personal eingestellt: »Den Much-Girgl von Mörlbach und seine zaundürre, bissige Alte hat er als Gärtner und Hausmeister genommen, und der Jachim-Jakl vom Kreuzweg, der wo bei der Kavallerie gedient hat, ist dem Baron sein Stallbursch und Kutscher geworden und hat wunderschöne Reitstiefel und eine dunkle Uniform bekommen. Bloß seinen alten, steifen Leibdiener, die faßdicke Köchin und die Jetti, das Küchenmädchen, hat er selber mitgebracht, der Minor.«

So haben die Einheimischen schon einen guten Schnitt gemacht, bevor sich der Baron vom Jakl im Landauer in der Gegend »spazierenfahren« lässt. Ziel ist dabei meist ein Wirtshaus, wo der Baron mit seinem Kutscher Brotzeit macht, sich vom Jakl die Gespräche der Bauern übersetzen lässt, die neugierigen Nachbarn zu einer Maß Bier einlädt und sich auffällig für den »Bauernstand und für das Unverfälschte, Echte und Brauchmäßige« interessiert.

Erster Argwohn über das »splendide Bierzahlen« kommt auf, und zu Recht: Man erfährt, dass der Minor sich in den Reichstag wählen lassen will. Den Pfarrer sucht er öfter auf, ebenso den Bürgermeister und verschiedene große Bauern, zeigt sich in der Kirche fromm und andächtig, sorgt sich in großen Worten um die »Hebung und Besserstellung des

Bauernstandes« und zeigt sich bei zwei politischen Versammlungen so redegewandt, dass ihm die angestrebten Wählerstimmen sicher zu sein scheinen.

Auch wenn der kleine Brotbub Oskar von der Minor-Köchin stolze 50 Pfennnig bekommt und vom Baron selbst freundlich gegrüßt wird (während der Kutscher Jakl hochnäsig über den Jungen hinwegsieht), so gilt der neue Besitzer der Maxhöhe im Bäckerhaus von Berg nicht viel. Oskars Vater Max bemängelt, dass der Baron in seinen Reden die Geschäftsleute nicht erwähne, und daher könne er ihn auch nicht wählen. Das sieht der Sattler Holzinger Hansgirgl aus Siebichhausen ein wenig anders. Er hat sich etwas Besonderes überlegt und durch den Jakl anfragen lassen, ob der Baron vielleicht Firmpate für die beiden Holzinger-Buben werden wolle. Die Zustimmung dafür hat der pfiffige Holzinger schon bald bekommen, was natürlich alle erstaunt und verblüfft. Freilich, den Bäcker Max Graf freut diese Entwicklung schon deshalb, weil sich, wie er sagt, die Bauern darüber ärgern werden.

Das geschieht denn auch, und als der Holzinger dummerweise noch dazu verlauten lässt, der Baron erkundige sich genau nach allen Einzelheiten einer Firmung auf dem Lande, wächst der Argwohn darüber, dass der Baron möglicherweise gar nicht katholisch sei und vielmehr »einen ganz falschen Glauben« habe oder gar »ein Lutherischer« sei. Zwar tritt der Baron Minor diesem Argwohn mit einem Zeitungsartikel entgegen, er und seine Vorfahren seien seit jeher Katholiken gewesen, aber das Misstrauen bleibt, und der Schmaunzbauer aus Kempfenhausen meint skeptisch, es werde sich bei der Firmung schon herausstellen, »ob es mit unserem Glauben beim Baron weit her ist«.

Fiasko im Humpelbräu

Die Firmung ist nach der Taufe das zweite Sakrament der katholischen Kirche. Sie wird meist vom Bischof selbst vorgenommen und besteht im Handauflegen, der Salbung der Stirne und dem Küssen des Bischofsrings. Die Firmung soll eine Stärkung des meist jungen Menschen im Glauben und in der Seele bewirken. Zwischen dem Firmling und seinem Paten besteht eine ebenso enge geistliche Verwandtschaft wie zwischen dem Täufling und seinem Taufpaten. Der kirchliche Übergangsritus vom Kind zum Jugendlichen findet gewöhnlich um das 14. Lebensjahr statt. Kurz und gut, die Firmung, oder besser das Firmungsessen wird bei Graf zum reinen Fiasko. Schon die protzig herausgeputzte, nagelneue Kutsche, mit der, gelenkt vom Kutscher Jakl, der Baron und die beiden Holzingerbuben an der Klostermaier-Wirtschaft in Aufkirchen vorbei nach Wolfratshausen zum Humpelbräu fahren, erregt wütendes Aufsehen. In der vollen Kirche von Wolfratshausen freilich zeigt sich der Baron mit dem Bischof vertraut und macht auch bei der Handhabung des kostbar gebundenen Gebetbuchs alles richtig. Als es danach zum Wirt hineingeht, folgt dem Baron der Herr Bürgermeister mit seinem Firmling auf dem Fuß. Sie nicken sich zu: Jetzt beginnt das Beste an der Firmung, das Essen und Trinken! Und dabei verliert der Baron das Maß dafür, was jungen Firmlingsmägen zumutbar ist, völlig aus den Augen. Er hat etwas davon gehört, dass sich nach der Firmung »das Mannsbildersein« anzeige, und daher bestellt er, angestachelt vom Nachbarn Lechner aus Aufhausen, munter drauflos, eine Platte nach der anderen. Beneidet vom Bäck-Oskar, dem sein Firmpate nur »ein windiges Paar Weißwürste« bestellt, können die Holzingerbuben Beni und Franzl nach Herzenslust auf Würste und Laugenbrezen zulangen, und eine Maß nach der anderen trinken. Das Unheil nimmt seinen Lauf, als sich »der Firmling vom Lechner, der dicke Demmler-Wastl von Bachhausen« erbrechen muss und »seine ganze Ladung über den Herrn Baron seinen feinen, dunkeln Anzug« spritzt. Da fällt er zur Freude seiner Umgebung aus der Rolle, wird »fuchsteufelswild«, der spöttische Schmaunzbauer höhnt, so gehe es eben zu bei einer »»christkatholischen Firmung««, Krawall wird Tumult, der Bürgermeister weist den Schmaunzbauer zurecht, die Bedienung putzt »den verärgerten Baron mit einem dampfenden Spüllappen« ab – grad schee is!

Aber kaum hat sich die Versammlung ein wenig beruhigt, da hebt es auch den Holzinger-Franzl »und alles ist aus ihm heraus«. Vom weiteren Geschehen im Humpelbräu bekommt der neidische Oskar nicht mehr viel mit, weil ihn sein Firmpate aus dem Wirtshaus zerrt, doch hat er noch mitbekommen, wie der »um und um besudelte« Baron Minor aus dem Wirtshaus gerannt ist, in seine Kutsche hinein und »im schärfsten Trab« davongefahren ist.

104

Freilich, für die beiden Holzinger-Buben hat sich die Firmung dennoch gelohnt: »Wie es der Brauch war, haben die zwei Holzingerbuben vom Baron auch je eine Uhr bekommen, sogar die schönsten sind es gewesen, zwei goldene Sprungdeckeluhren, aber sonst hat ihr Herr Pate sich nicht mehr hören und sehen lassen seitdem. Gesagt soll er haben, er hat alle Einheimischen satt, und gewählt ist er auch nicht worden. Dieses wiederum hat unseren Vater sehr gefreut.« Und als der Sattler über das Missgeschick beim Essen lamentiert, baut ihn der alte Graf mit der Bemerkung wieder auf, er, der Holzinger, habe doch am allerwenigsten Grund dazu, denn er habe »doch bei der ganzen Gaudi den schönsten Profit gemacht. Die zwei schwer vergoldeten Sprungdeckeluhren sind doch unter Brüdern ihre zweihundert Mark wert. Das hat dem Sattler sofort eingeleuchtet, und er hat vollauf zufrieden gesagt: ›Jetz du, Beck, host ebn an richtigen Verstand. Überoi kimmts bloß aufn Profit o, auf sunst gor nix!‹« Was hatte doch gleich der neue Besitzer des Waldhotels »Rottmannshöhe«, der, wie Graf ihn nennt, »alte Spekulant Siegl« 1896 gesagt, »indem er mit Daumen und Zeigefinger die Nase zusammenzwickte und wohlig zu schnuppern begann, ›die, die jetzt daherkommen, das sind die Meinigen! Die Luft riecht jetzt immer so gut! Ein ganz besonderer Geruch ist das! Ich riech’ den Profit!‹« Damit entlarven sich sowohl der einheimische Handwerker als auch der neue Hotelbesitzer als »muffige, gierige Provinzler«, was in dieser Gegend bis heute natürlich niemand gerne hören will, und schon gar nicht aus den Erzählungen des selbst ernannten hinterlistigen »Provinzschriftstellers« Oskar Maria Graf aus Berg.

Auftritt von Fred Endrikat in der Münchener Künstlerkneipe »Simplicissimus«.

In der Kumpelsburg.
Der Kabarettist Fred Endrikat

»Man fragt doch, wenn man Logik hat, / Was sucht ein Suahelihaar / Denn nachts um drei am Kattegat?« Seltsame Frage, und der da fragt ist ein Dichter, heißt Joachim Ringelnatz (1883–1934) und gehört in München als Hausdichter auf der Kleinkunstbühne des Lokals »Simplicissimus« an der Türkenstraße 57 gewissermaßen zum Inventar. Die kuriose Frage lässt sich ohne weiteres übertragen auf die Frage, was denn ein Kabarettist auf der Maxhöhe zu suchen gehabt habe, besser und genauer, was um aller Welt den Nachfolger des Hausdichters Ringelnatz am Münchner »Simplicissimus«, einen gewissen Fred Endrikat, um 1930 auf die Maxhöhe verschlagen hat.

Fred Endrikat

Im Berlin der 1920er-Jahre kann man mit Kabarett und Satire gut Geld verdienen. Lied und Gedicht, Wortspiel und Scherz, Parodie und Kalauer sowie eine geistreiche Conférence bestimmen das Nachtleben in der Reichshauptstadt. Ob mit Sketchen in Max Reinhardts Kabarett »Schall und Rauch« oder mit Couplets in Trude Hesterbergs »Wilder Bühne«, begabte junge Dichter wie Walter Mehring oder Werner Finck, klingende Namen wie Claire Waldoff und Ernst Busch finden lebhafte Zustimmung. In diese Welt gerät auch der in Ostpreußen geborene, aber im Ruhrgebiet aufgewachsene Kabarettist Fred Endrikat (1890–1942). Markenzeichen für Endrikat wird ein dickes Adressbuch, aus dem er mit nuschelnder Stimme scheinbar vorliest. Er gibt eine eigene Zeitschrift heraus, »Die Spottdrossel«, veröffentlicht Gedichte – »ein mixtum compositum aus Morgenstern und Ringelnatz« (Hans Reimann) – in Zeitschriften wie der »Jugend«, in Hans Reimanns »Stachelschwein« und im »Kladderadatsch«. Schließlich findet er im Münchener »Simplicissimus« seine Stammbühne. Als Joachim Ringelnatz 1930 von München nach Berlin umzieht, wird Fred Endrikat sein Nachfolger als »Hausdichter« im »Simplicissimus«.

Aus dieser ehrenhaften Rolle macht Endrikat materiell gesehen ein wenig mehr als sein Vorgänger. Einen Teil seines Verdienstes setzt er in ein stattliches Holzhaus am Starnberger See um, in ein Blockhaus mit Holzlege und Balkon sowie einem kleineren Gartenhaus auf der Maxhöhe. Hier-

Familienleben in der Kumpelsburg.

hin zieht sich der Kabarettist gerne und oft aus den verrauchten Bühnen-
räumen in der Stadt zurück. Die mächtigen Buchen vor dem großen Wald
sind sein Zufluchtsort; Bäumen, wie einem alten knorrigen Apfelbaum,
gibt er Namen wie »Bum Krüger« (einem Schauspieler, der eben aussah
wie dieser Apfelbaum), sein Hackstock heißt »Gottlieb«. Die Differenz
von Stadt und Land, die Endrikat auf seinen zahllosen Vortragsreisen
hautnah erlebt und in vielen Gedichten thematisiert, hebt sich für ihn in
den Ferien am Starnberger See immer wieder auf. So sehr lässt er die Stadt
zugunsten der ländlichen Lebensform hinter sich, dass es zu einem seiner
Hauptvergnügen wird, das Brennholz für seinen Ofen selbst zu hacken.
Der »Simplicissimus«-Kollege Theo Prosel (1889–1955), von 1935 bis
1944 selbst »Simpl«-Wirt, erinnert sich in seinem Buch »Freistaat Schwabing« (1951): »Fred Endrikat, der zweite große Simpl-Dichter, hatte die
besten Einfälle beim Holzhacken. Wer ihn kannte, der weiß, daß er einen
sehr schweren Sehfehler hatte. Er schrieb daher seine Sachen nicht nieder,
sondern dichtete im Kopf (...). Während des Jahres führte Fred Endrikat
das Leben eines Kabarettisten, das heißt, er trat täglich mit seinem berühmten Adressbuch auf und blubberte seine Gedichte in die begeisterte
Menge. Nach der Vorstellung brachte er Gott Bacchus sein tägliches Opfer dar. Wenn aber die Ferien kamen, zog er sich zurück in sein kleines
Häuschen auf einer Anhöhe, von der aus man den Starnberger See über-
blickte, und da hackte er Holz und – dichtete. Ich habe Endrikat noch nie
mit einem so freudevollen Gesichtsausdruck gesehen wie an jenem Tag –
es war kurz vor den Ferien – als er im ›Simpl‹ mit einer Riesenaxt erschien
und diese beinahe liebkoste. ›Das werd'n dieses Jahr tolle Ferien‹, sagte er
mir, ›damit bring' ich die größten Klötze auseinand'.‹«

Beim Holzhacken wird Endrikat selbst zur Karikatur. Nicht nur, dass
er mit dem holzhackenden Kaiser Wilhelm II. verglichen wird, der sich
auf diese Weise nach seiner Demissionierung im holländischen Exil der
20er-Jahre die Zeit vertrieb, nein, es wird sogar die offensichtliche Seh-
schwäche Endrikats zur Stärke umfunktioniert. Wieder Theo Prosel: »Ich
hatte auch einmal Gelegenheit, ihm beim Holzhacken, einer Leiden-
schaft, die er übrigens mit Kaiser Wilhelm teilte, zuzusehen. Da er, wie
schon erwähnt, eine starke Sehstörung hatte, hielt er den Kopf ganz links,
obwohl der Holzklotz rechts stand, und ließ mit ungeheurer Kraft, über
die er verfügte, das Beil niedersausen. Er traf wie ein Kunstschütze.«

Auch René Prévot, ein früher Chronist der Schwabinger Bohème, bestätigt, dass Endrikat die besten Gedanken draußen kamen, »in seinem Holzhäuschen in Leoni am Starnberger See, wo ihn seine Freunde gern besuchten und ihm beim Holzhacken zuschauten, dem er so leidenschaftlich oblag, daß er sich mit Kaiser Wilhelm II. verglich«. Nach dieser Anekdotenvariante hätte sich Endrikat allerdings beim Holzhacken selbst mit Kaiser Wilhelm II. verglichen und somit auch selbst zur Karikatur gemacht. Zuzutrauen wäre es ihm schon gewesen. Was aber, bleibt zu fragen, hat denn der holzhackende Kabarettist als Kaiser-Kopie dort oben über dem Starnberger See alles gedichtet?

Natürlich, könnte man sagen, ein Gedicht über einen Holzhacker, »Holzhacker wird sentimental«. Aber wenn man genauer hinhört, dann weist schon der erste Vers auf den Beginn »Ich hab meine Tante geschlachtet« im Skandallied vom »Tantenmörder« des ersten Münchener Kabarettisten Frank Wedekind. Und wenn man dann noch zumindest erwägt, dass vielleicht auch der Holz hackende Kaiser Wilhelm mitgemeint ist, der den Holzklotz seines Deutschen Reiches zerschlagen hat, bekommt das Gedicht eine Dimension, die über die Maxhöhe am Starnberger See ein wenig hinausgeht:

Holzhacker wird sentimental

Ich hab' meinen Hauklotz geschlachtet.
Er war, weiß Gott, nicht mehr neu.
Ich hab' ihn voll Wehmut betrachtet,
er diente mir tapfer und treu.
Ich habe manch knorrige Eiche
auf seinem Schädel zerschellt.
Es krachten die wuchtigen Streiche.
Mein Holzklotz blieb stark wie ein Held.
Es sausten die Splitter der Buchen
beim Hacken mir wild um den Kopp.
Da half weder schimpfen noch fluchen,
mein Hauklotz sprach mutig: »Hau drop!«
Er, den ich geliebt und geachtet,
das Schicksal zerkleinerte ihn.

110

Ich hab' meinen Hauklotz geschlachtet,
nun schmort er im trauten Kamin.
Zum Schornstein hinaus in die Ferne
entschwebt er, so leicht wie ein Hauch.
Fahr wohl und grüß mir die Sterne.
Mein Hauklotz – ein Wölklein von Rauch.

Um so furchtbarer kam es den Kabarettisten dann natürlich an, wenn er von einer seiner ausgedehnten Vortragsreisen zurückkam, und, wie Anfang Dezember 1932, feststellen musste, dass er grausam bestohlen worden war. In einem Brief an seine Freunde Grethe und Toni Rath in München schreibt er am 5. Dezember 1932: »Stellt Euch vor, als wir am ersten Tag hier ankommen – mein erster Weg war in meinen geliebten Holzbunker – alles geklaut – meine Sägen, meine Äxte, meine Hämmer und beinahe das ganze Holz, das ich während des Sommers gesägt und gehackt habe. Ich hätte vor Wut und Kummer heulen mögen.« So kann man nachvollziehen, dass Endrikat seinem ersten Gedichtband »Die lustige Arche. Eine Tierfibel für Jung und Alt« (1935) das vielsagende Motto gibt: »Die besten Menschen auf der Erde, / das sind die Hunde und die Pferde.«

Doch war es nicht nur das Holzhacken als vielmehr die allgemeine Erholung, die Fred Endrikat an seinem Refugium auf der Maxhöhe schätzte. Der Freund Karl Kurt Wolter (Kakuwo) erinnert sich: »Als Ausgleich für die vielen nächtlichen Sitzungen in rauchigen Lokalen benötigte er diese sportliche Betätigung, ergänzt durch Schwimmen im See und weite Spaziergänge. Wer ihm mit nacktem braungebranntem Oberkörper dort draußen begegnete, erkannte ihn kaum wieder.«

Für die Spontaneität der Einfälle Fred Endrikats in seinen Freizeiten am See gibt René Prévot ein gutes Bespiel: »Da brauchte bloß einer in den See zu spucken – und ein Gedicht war fällig: von dem alten Barsch, der den jungen Barsch warnt, auf solche Sachen reinzufallen. ›Sei vor dem Schicksal auf der Hut, nicht alles was es schickt ist gut!‹ – Nur nicht nach allem Schnappen! Denn merkt man erst ›des Schicksals Tücke: wenn du recht hinschaust, ist es Spücke‹.« Von der ersten Idee bis zum fertigen Gedicht ist es aber doch noch ein kleines Stück:

Spucke im See

Ich habe in den See gespuckt,
da kommt ein kleiner Fisch und guckt.
Er blinzelt, äugelt und beguckt
was ich da in den See gespuckt.
Die Kiemen bibbern und die Flossen,
nebst Schwänzlein pendeln unentschlossen
mal links mal rechts, mal rechts, mal links
um dieses unbekannte Dings.
Gern schnappt er zu mit einem Biß,
doch traut er der Geschichte –miß.
Da kommt ein alter Barsch geschwommen,
der schon beim ersten Blick vernommen,
was hier geschlagen hat die Glocke
und, daß der Braten riecht nach Spocke.
Der alte spricht zum jungen Barsch:
Mach, daß du fortkommst, los – Marsch-Marsch.
Siehst du denn nicht, du Mamelucke,
das was da schwimmt, ist eitel Spucke.
Das kannst du niemals nich vertragen.
Ein Barsch hat keinen Schwartenmagen.
Sei vor dem Schicksal auf der Hut.
Nicht alles was es schickt ist gut.
Es schickt oft scheinbar einen Happen,
und willste einmal nach ihm schnappen,
dann merkst du gleich des Schicksals Tücke,
wenn du recht hinschaust – ist es Spücke.
Sieh dort, da kommt ein Wurm gekrochen,
der Wurm ist echt, ich hab gesprochen!
Darauf verschwand der alte Barsch,
und das Gedicht zu Ende warsch.

Das alte Försterhaus »Maria Waldrast« auf der Maxhöhe.

Adelige Nachbarschaft

Welche Gegensätze sind auf der Maxhöhe versammelt! Dort der seinerzeit berühmte Wagner- und Balladensänger Eugen Gura in seiner stattlichen Villa mit Turm; hier der stadtflüchtige Kabarettist Fred Endrikat in seiner Blockhütte. Noch dazu wohnte genau gegenüber, auf der anderen Straßenseite, die Baronin Antoinette von Godin (1867–1950) im alten Försterhaus »Maria Waldrast«, dessen Giebel an der Westseite eine Statue der Mutter Gottes mit dem Jesuskind schmückt. Zu der weitverzweigten Familie der Barone von Godin gehört auch die Schriftstellerin Marie Amelie Freiin von Godin (1882–1956), die im Sommer 1934 mit ihrem Neffen Reinhard zu einem Besuch bei Tante Antoinette von Possenhofen herüber kam. Tante Meli hatte sich in München einen Namen als Publizistin, besonders aber als Albanienkennerin gemacht. Sie schrieb das erste deutsch-albanische Wörterbuch (1930) und

113

übertrug mit ihrem langjährigen Freund Ekrem Bey Vlora (1885–1964) den so genannten »Kanun«, das albanische Gewohnheitsrecht aus dem 15. Jahrhundert ins Deutsche. Marie Amelie Freiin von Godin stand 1949 brieflich sogar mit Thomas Mann in Verbindung; eine Studie über diese Beziehung ist in Vorbereitung. Denkbar also dass sich an der Hecke aus eckig geschnittenen Tannen des Kabarettisten für einen kurzen Moment Orient und Okzident auf der Maxhöhe begegnet sein könnten!

In der Kumpelsburg

Auf seine Blockhütte war Endrikat stolz wie ein König, denn sie war sein, war sein Blockhaus, seine »Kumpelsburg«, sein selbst verdientes Haus, wo er seine Freunde, die »Kumpel«, wie er sie mit dem Ruhrpott-Ausdruck für den Bergmann bezeichnete, zu feuchtfröhlicher Runde versammeln konnte. Der Freund Kakuwo erinnert sich an Besuche von Oskar Maria Graf aus Berg, wie ihn auch ein Fotoschnappschuss festhält, und des Zeichners Rolf von Hoerschelmann, der mit dem Boot von Feldafing herüberruderte. Als Joachim Ringelnatz 1931 zusammen mit Endrikat in Frankfurt gastierte, bat er seine Frau Muschelkalk, eine Grußkarte an Endrikat und seine Frau Irmi Borchardt zu richten. Muschelkalk antwortete aus Berlin am 20. November 1931 mit einer Erinnerung an einen gemeinsamen alkoholischen Abend in der Kumpelsburg: »(...) Endrikats grüße bitte. Ich werde ihnen auch schreiben. Sage ihnen, ich denke so gern an den gemütlichen Winter-Nachmittag zurück, wo wir mit Dr. Janssen zusammen in seinem entzückenden Häus'chen am Starnbergersee Punsch getrunken haben. (...)« Freilich war das Lieblingsgetränk Fred Endrikats ganz offenbar ein spezieller Schnaps, der Steinhäger, nach der westfälischen Gemeinde Steinhagen und ihrem berühmten Wacholderschnaps. Eine der Pappeln hinter dem Siegestor, genauer die dritte Pappel rechts, sei, so Endrikats Freund Kakuwo, der seine Erinnerungen nach diesen Pappeln benannt hat, auf Geheiß ihres Paten Endrikat mit Steinhäger auf dessen Namen getauft worden, getreu seinem Wunsch: »Ich wollt das große weite Meer / es wäre echter Steinhägeer.«

114

Oskar Maria Graf (l.) und Karl Kurt Wolter zu Besuch bei Fred Endrikat (r.), um 1930.

Kleines Kabarettprogramm

Womit fangen wir an, mit unserem kleinen Kabarett-Programm auf der Maxhöhe? Am besten natürlich mit der Entstehung der Welt, genauer: der Welt am Starnberger See, oder noch besser: des Starnberger Sees selbst. Wie das zuging? Fred Endrikat schildert es in einer »Legende«, die er seiner Kollegin, der Diseuse Claire Waldoff, gewidmet hat:

Legende

An einem Sonntag stieg der Herrgott mal
vom Wendelstein hinab, ins Isartal.
Er ging bis Ammerland und sah die sanften Höhn.
›Potz Tausend‹, rief er. ›Kinder ist das schön.
Vom weiten Marsch tun mir die Füße weh.
Hier fehlt zum Baden noch ein schöner See.‹
Der Herrgott rief: ›Wohlan ihr Engelein,
kommt alle her und pinkelt hier hinein.‹
Die Engel hoben ihre Röcklein in die Höh –
und so entstund der Starnbergersee.
Tags drauf sah Petrus drunten all die Pracht,
strich seinen Bart und brummt: ›Das hat er fein gemacht.‹

Anonyme Titelzeichnung, 1938.

Nach der Weltentstehung empfiehlt sich das »Wochenbrevier«, um zu lernen, wie der Mensch am besten durch die Zeit kommt. Diese kleine, wenn auch zeitlose Übung des »management by excuse me« hat Endrikat seinem Freund Kurt Witte gewidmet:

Wochenbrevier

Am Montag fängt die Woche an.
Am Montag ruht der brave Mann,
das taten unsre Ahnen schon.
Wir halten streng auf Tradition.

Am Dienstag hält man mit sich Rat.
Man sammelt Mut und Kraft zur Tat.
Bevor man anfängt eins, zwei, drei,
bums – ist der Dienstag schon vorbei.

Am Mittwoch faßt man den Entschluß:
Bestimmt, es soll, es wird, es muß,
mag kommen was da kommen mag,
ab morgen früh am Donnerstag.

Am Donnerstag faßt man den Plan:
Von heute ab wird was getan.
Gedacht, getan, getan, gedacht.
Inzwischen ist es wieder Nacht.

Am Freitag geht von altersher,
was man auch anfängt, stets verquer,
drum ruh dich aus und sei belehrt:
Wer garnichts tut – macht nichts verkehrt.

Am Samstag ist das Wochen=End,
da wird ganz gründlich ausgepennt.
Heut anzufangen lohnt sich nicht.
Die Ruhe ist des Bürgers Pflicht.

In dem 1940 erschienenen Gedichtband »Liederliches und Lyrisches« finden sich viele gute Hinweise wie der entschiedene und mit einem Toast ausgerufene Dank »für jedes Stücklein Lebensfreude« oder der Rat, man möge nicht über den Regen schimpfen, der auf einen niederfällt: »Bedenk: Der meiste Regen fällt an dir vorbei.« Dort findet sich auch ein Loblied auf die Ferien neben einem »Schnapsgebet«, ein Gedicht auf den Frühling, der, unter Anspielung auf damalige Gepflogenheiten, »keine Kleiderkarte« brauche, neben Stammbuchsprüchen an nahezu alle menschlichen Charaktere. In zwei Gedichten lässt sich ein wenig Autobiographie erkennen. So schildert Endrikat zunächst sein Haus über dem See, die gesellige »Kumpelsburg«:

Kumpelsburg in Leoni

Ich bin in den Ländern umhervagabundiert,
habe geliebt und gedarbt und Kohldampf geschoben.
Meine Verse schrieb ich nieder ganz unfrisiert
und schielte dabei nicht nach unten, noch nach oben.

Wie der Spatz auf dem Dache, so pfeif' ich mein Lied,
es klingt nicht immer für überempfindsame Ohren.
Um die Jedermannsgunst hab' ich mich nie bemüht.
Das Leben ist rauh, es macht hart und unverfroren.

Ich liebe die Sonne und den See, sturmumbraust.
In den Märchen der Wälder, da wohnt meine Seele.
Mein Traum und mein Ziel war, hier mit eigener Faust
zu schaffen mein niedriges Dach und die vier Pfähle.

Es gingen die Jahre ihren holprigen Gang,
oft drüber und drunter und meist ging es daneben.
Nur nicht weich werden, wenn auch der Weg noch so lang.
Es kommt alles, was man will und sich wünscht im Leben.

Dort steht jetzt meine Hütte, bescheiden und klein,
umkränzt von einem Zaun aus Liedern und Gedichten.
Kein König kann stolzer auf seine Wälder sein
als ich auf meinen Birnbaum und die siebzehn Fichten.

Wann kommt der Name Enzianhof auf? Wie auch immer, bei Endrikat findet sich das passende Gedicht dazu, und auch wenn die Rigibahn nicht nur in der Schweiz fährt, sondern »Helvetia« den Konzertsaal abgibt für diese »Enzian-Sinfonie«, so passt sie, zumal in Erinnerung an die legendäre Drahtseilbahn auf die Rottmannshöhe, auch und erst recht auf die Maxhöhe am Starnberger See zum Enzianhof mit seiner formidablen Schnapsdestille. Es kann schon einmal vorkommen, dass beim Probebrennen nicht nur die einzelnen Wörter durcheinanderpurzeln:

Enzian-Sinfonie

Der Gletscher gletscht im Abendsonnenschein.
Es latscht im Schnee ein altes Stachelschwein.
Im Rasen blüht der (die das) Enzian.
Es kriecht den Berg hinauf die Rigibahn.
Kling klang. Kling klang.

Ein Mönch führt uns ins Klösterli hinein.
Das Stübli liegt im frommen Dämmerschein.
Grüß Gott. Grüß Gott.
Im Hintergrund blökt eine Alpenkuh.
Das Glöckli läutet feierlich dazu.
Blim Blam. Blim Blam. Muh muh.

Ein guter Wirt ist jener fromme Mann.
Im Glase duftet fein der Enzian.
Helf Gott. Helf Gott.
Die Nasen glühn, wir singen kräftiglich,
der brave Mönch, das Stachelschwein und ich.
Hurra. Halleluja, für dich.

Von oben lächelt hold Helvetia.
Von unten grinst des Teufels Großmama.
Im Hofe kräht der Hahn schon Kikeriki.
Es säuselt sanft die blaue Sinfonie.
Grüß blam. Klang muh. Kling Gott.
Hallemuh. Blim ja. Kling blam.
Plem plem. – – –

Mit ein paar Gläsern Enzian-Schnaps im Leibe verliert man leicht ein wenig die historische Contenance. Aber wenn wir schon dabei sind, die lieben Freunde mit der »Enzian-Sinfonie« auf den Enzianhof einzuladen, etwa an Silvester, dann kann es geschehen, wie das Endrikat ziemlich einzigartig schildert, dass noch viel mehr durcheinander gerät, bei seiner feuchtfröhlichen »Silvesterfeier«, die sich so und nicht viel anders zugetragen haben mag, hier, dort und anderswo:

Silvesterfeier

Erst haben wir auf den siebzehnten Januar getrunken.
Die Rede war zünftig und der Grog wunderbar.
Hierauf hat der nächste mit dem Finger gewunken,
nun tranken wir auf den neunzehnten Februar.
Anschließend mußten wir uns von den Plätzen erheben,
denn wir tranken auf den zwölften März und den achten April.
Auch den Mai und den Juni ließen wir himmelhoch leben
mit feierlichen Reden und mit Gebrüll.
Vom Juli bis September wurde es immer bunter,
jedesmal mit einer neuen Runde – das ist doch klar.
Wir tranken den Kalender einmal rauf und wieder runter,
von Silvester auf- und abwärts bis zu Neujahr.
Hierauf vertilgten wir die Likörkarte alphabetisch,
vom Allasch bis zum Zwetschgenwasser, nach der Reih'.
Beim X gab es Grog. Wir wurden poetisch
und sangen die »Mühle im Schwarzwald« dabei.
Nun folgte das Trinken mit Heimatkunde,
von Apolda bis Zabern, bergauf und bergab.
Der Wirt rief: »Nicht kneifen, ihr Schweinehunde!«
Bei Lüdenscheid machten schon einige schlapp.
Wir hieben die Gläser mit Macht aneinander
und brachten einen Kantus, urmarkig und froh,
für die Asta Nielsen bis zur Zarah Leander
und vom Ali Baba bis zum Cicero.

120

Mein Nachbar, der lange Ilmendörfer,
zielte mit dem Glas nach einem Hirschgeweih,
er war nämlich Sportsmann, von Geburt Hammerwerfer.
Nun begann eine allgemeine Glaswerferei.
Heißa, da flogen die Scherben. Ich hört' jemand lallen:
»Bravo, meine Herren, das nenn' ich Niveau.«
Weg mit den Gläsern. Peng. Karthago muß fallen.
Schinkenkloppen wäre stillos und roh.
Die sonst so gütige Wirtin war leise verbittert,
dieweil ihr guter Kronleuchter total demoliert,
die Holztäfelung an den Wänden wie von Granaten zersplittert
und die Gipsbüste vom Dante auf dem Klavier ramponiert.
Die Wirtin versuchte, beschwichtigend einzuschreiten.
Wir grölten: »Nur einmal blüht im Jahr der Mai.«
Einige andere gingen über zu Tätlichkeiten,
dann kamen Sanitäter und die Polizei.
Im Raume wogte ein festlicher Schwaden
von Rumgrog und Punsch, Niespulver und Blei,
von Kartoffelsalat und kalten Schweinskarbonaden
von sauren Gurken und andrer Arznei.
Wir hörten den Nachtwächter draußen Feierabend blasen
Die Gäste lagen umher wie verlorene russische Eier.
Im Hofe krähten schon die lieben Osterhasen.
Es war eine ausgiebige Silvesterfeier.

Zum Abschluss noch ein Zeichen besonderer Lebenskunst, kurz und knapp:

Müßiggängers Abendgebet

Wieder ist ein Tag zu Ende.
Oh, wie freun sich meine Hände!
Hab' ich auch nicht viel gemacht,
hab' ich doch den Tag verbracht.

Fluchtort war die »Kumpelsburg« natürlich auch im Dritten Reich. Freche freie Worte im Kabarett waren bald lebensgefährlich. Im »Simplicissimus«-Lokal an der Türkenstraße machte die Arbeit keinen Spaß mehr. Theo Prosel schildert in einem seiner »Simpl-Briefe« vom April 1936, wie ein neues Endrikat-Programm immer öfter nur noch auf die allerletzte Minute zustande kam und in seiner Qualität dann auch entsprechend schwankte. Hin und wieder eckte Endrikat mit seinen Spöttereien politisch an. Als er aber an einem Abend im Juni 1937 auf der Kleinkunstbühne bei Papa Benz an der Leopoldstraße 50 mit dem Hakenkreuz am Revers erschien, war das Entsetzen unter seinen Freunden groß. Er entschuldigte sich damit, dass er, wie Kakuwo berichtet, die »ständigen Anfeindungen und Vorladungen zur Staatspolizei« satt habe, er sei »müde und krank«. Sein Kollege Karl Valentin nannte ihn allerdings einen Deppen, der in die Partei eintrete, »›jetz’ wo’s bald gar is‹«. Und schrieb seinem Kollegen zum Abschied am 30. Juni 1937 ein tief resigniertes und prophetisch pessimistisches Gedicht: »Der Endrikat ist heut als wie ein Kenz / Das letzte Mal dahier bei Benz. / Und kommt, das wäre unser Wunsch / Bald wieder her, dahier zu unsch. / Doch bis er kommt, ‘s is’ ein Malheur / Da steht das Haus vom Benz nicht mehr, // All unser Schicksal ist beschissen / Es wird ja Alles abgerissen / Dann sind wir ›Wohlfahrtsamt-Solisten‹ / Und tun uns elend weiterfristen. / Drum lieber Fred mit Partnerin / Nehmt diese Flasche von mir hin / Steinhäger ist der einz’ge Trost / Auf – Wiedersehn! – Ihr Beiden – Prost!«

Auch im Politischen wurde die Stadt für Endrikat nun zum »Lasterpfuhl« und »Sumpf«, wie er seinen Freunden Grete und Toni Rath nach der Schilderung einer Landschaftsidylle am Starnberger See kurz vor dem Ende des Sommers am 21. August 1938 resigniert schrieb. Seine Auftritte verlegte Endrikat vom Kabarett in schmale Gedichtbände. Im Selbstverlag kam 1938 »Der Endrikatechismus. Lustige Verse für Kind und Kegel« heraus, der mit dem Bild der »Arche« auch für Radiosendungen Endrikats, etwa im Reichssender Köln, warb. Im Berliner Buchwarte-Verlag erschienen 1940 die Sammlungen »Liederliches und Lyrisches. Verse vom vergnüglichen Leben« und »Höchst weltliche Sündenfibel. Moralische und ›unmoralische‹ Verse«. Nachdem Fred Endrikat jahrelang an einem Hirntumor gelitten hatte, starb er am 12. August 1942 in München und wurde auf dem Waldfriedhof bestattet. Ein Nachruf (vermutlich von Theo Prosel) hielt schon einen Tag später fest: »Er war ein Philosoph des Alltags, ein Fabulist des Tiergleichnisses – der ›Aesop‹ des Kabaretts. Seine saftigen Sinngedichte fanden ihre Ergänzung in den originellen Kurzspielen mit der reizenden Irmgard Borchardt als ehelicher Partnerin. Er gehörte zu den wenigen, die den verflachten Begriff der Kleinkunst menschlich zu vertiefen und geistig zu weiten verstanden. Der gute Steinhägergeist weckte alle drolligen Schalke der Phantasie.« Noch im Todesjahr erschien die Gedichtsammlung »Der fröhliche Diogenes. Verse in Kürze zur Lebenswürze«. Der Neuausgabe dieser Sammlung 1952 im Berliner Lothar Blanvalet Verlag folgte dort 1953 noch die Sammlung »Sündenfallobst. Verse zum fröhlichen Genießen«. All diese schmalen Gedichtbände, die hohe Auflagen erlebten, sind heute ebenso vergriffen und verschollen wie die beiden Auswahlausgaben, die 1960 und 1967 erschienen sind. Ganz vergessen ist Endrikat aber nicht. Am Haus der Künstlerkneipe »Simplicissimus« in der Münchener Türkenstraße 57 erinnert seit 1969 eine Gedenktafel an die glorreichen, längst vergangenen Jahre mit dem Text: »Im Jahre 1903 / Eröffnete hier / Kathi Kobus / Das Künstlerlokal / Simplicissimus / Berühmt geworden / Durch die Namen / Joachim Ringelnatz / Fred Endrikat / Theo Prosel / Adolf Gondrell.« Das gemütliche alte Holzhaus auf der Maxhöhe, Endrikats Refugium, wurde mit dem Gartenhaus nach dem Tod des Künstlers zunächst von der Familie des Bruders seiner Frau Irmgard Borchardt weiter genutzt, um 1970 dann verkauft und zugunsten von Neubauten am Enzianweg 51 abgebrochen. Übrig blieb nur das Suahelihaar. Wenn Sie wissen wollen, was daraus geworden ist: Es treibt weiter, vom Kattegat zum Endrikat.

Einbandzeichnung von Georg Salter, Berlin, 1932.

Nachspiel zum Kabarett.
»Die Feuerzangenbowle« in Leoni

»In Leoni entstand die ›Feuerzangenbowle‹.« So lapidar steht der Satz im »Starnberger See-Stammbuch« (1950), hat sich aber, wie es scheint, in der großen Filmgeschichte noch nicht so recht herumgesprochen. Der Satz stammt von Hans Reimann (1889–1968), einem Schriftsteller, Kabarettisten und Herausgeber satirischer Zeitschriften (»Der Drache«, »Das Stachelschwein«), der seit 1939 in Bernried lebte. Reimanns große Zeit waren die Jahre der Weimarer Republik, in denen er auf der Klaviatur des Humors alle Tonarten beherrschte. Besonders gelungen sind dem Leipziger seine sächsischen Parodien. Dagegen ist Reimanns tödlicher Opportunismus im Dritten Reich nicht mehr zum Lachen. Der Dramatiker Carl Zuckmayer hat in seinem bereits 1939 im amerikanischen Exil verfassten, aber erst jüngst veröffentlichten und ausgiebig kommentierten »Geheimreport« (2002) für den amerikanischen Geheimdienst über Künstlerkollegen im Dritten Reich Reimanns Verhalten derart deutlich und schonungslos angeprangert, dass man den einen Satz, dass in Leoni die »Feuerzangenbowle« entstanden sei, gerne überlesen würde, wenn er nicht sein Eigenleben hätte, und wenn er eben nicht auch ein wenig mit Fred Endrikat und der Maxhöhe und vor allem natürlich mit Heinz Rühmann zu tun hätte, der seine letzten Lebensjahre ebenfalls auf der Maxhöhe verbracht hat.

Die Schulsatire »Die Feuerzangenbowle« kennt fast jeder durch den Film mit Heinz Rühmann aus dem Jahr 1944. Vielen ist auch noch bekannt, dass der Film nach einem Roman von Heinrich Spoerl gedreht wurde, erschienen 1933 unter dem Titel »Die Feuerzangenbowle. Eine Lausbüberei in der Kleinstadt«. Weniger bekannt ist, dass die Idee zu diesem Film, ein großer Teil des Textes und vor allem die Erlebnisse der Hauptfigur, die als Erwachsener noch einmal die Schulbank drückt, eben von Hans Reimann stammen, und dass Reimann sogar für die erste Verfilmung des Stoffes, schon mit Heinz Rühmann in der Hauptrolle, bereits 1931 zusammen mit Heinrich Spoerl das Drehbuch geschrieben hat.

Und noch weniger bekannt sein dürfte, dass »Die Feuerzangenbowle« als einer der meistgelesenen Romane der zeitgenössischen deutschen Unterhaltungsliteratur im Jahr 1931 eben in Leoni, und ein wenig auch auf den Wegen über die Maxhöhe nach Aufkirchen entstanden ist. Am allerwenigsten aber dürfte bekannt sein, dass der Grund für all das die Freundschaft Hans Reimanns mit Fred Endrikat war. Und damit fängt alles an.

»Quartett zu dritt«

Man erfährt diese Hintergründe aus den Erinnerungen Reimanns, die er 1959 als »Lebensmosaik eines Humoristen« unter dem Titel »Mein blaues Wunder« veröffentlicht hat. Reimann berichtet, die Tatsache, dass das Ehepaar Irmgard und Fred Endrikat »ein Blockhaus in Leoni am Starnberger See« gemietet hätte (aus dem Mietverhältnis wurde sehr bald ein Kauf), wäre der Grund für das Ehepaar Reimann gewesen, dort ebenfalls die Ferien zu verbringen, einmal mit Heinrich Spoerl im Sommer 1931, und später, 1935, mit dem Dramaturgen, Drehbuchautor, Schauspieler und Regisseur Max Jungk (1872–1937), dem Vater des Zukunftsforschers Robert Jungk (1913–1994). Freilich wohnte man nicht bei Endrikats, auch nicht im schönen Seehotel, sondern ganz woanders, wie Reimann erklärt: »Die pittoreske Unterkunft, die wir bei einer Baronin fanden, hab' ich im ›Quartett zu dritt‹ geschildert.« Dieses launige Sommerbuch mit dem Untertitel »Alles andere als ein Roman« nimmt es mit der Detailtreue jedoch nicht so ganz genau und verbindet in der folgenden Schilderung das Äußere der bis heute weitgehend unverändert erhaltenen Villa Hornig (1879), dem Landhaus für den Stallmeister und Kammerdiener König Ludwigs II., mit der nebenan gelegenen Villa Hirschfeld (1877) der Baronin Elsbeth von Hirschfeld. Die Unterkunft der drei Männer, die alle auf ein und dieselbe junge Frau als Partnerin für die Ferien warten (daher »Quartett zu dritt«), ist so kurios wie die ganze Geschichte: »Es folgt eine nüchterne Schilderung des Schlosses Ketteldreh. Ludwig II., diese kostspielige Erfindung Richard Wagners, hatte das Schloß einem seiner Oberhofmeister oder Seneschälle errichten lassen. Hernach war es von Hand zu Hand gewandert und zuguterletzt im Besitz eines Kammerherrn von Ketteldreh verblieben, der während des Krieges an Altersschwäche

126

Villa Hirschfeld in Leoni.

starb und eine ungemein rüstige und betriebsame Witwe hinterließ. Baronin von Ketteldreh.« Diese Baronin nun sei zwar durch die Inflation »zum Vermieten ihrer Gemächer gezwungen« worden, sei aber jetzt, mit 73 Jahren, »fescher und lebenslustiger denn je«. Bei dieser »Baronin« handelte es sich aber bereits nicht mehr um Elsbeth von Hirschfeld, sondern um Irene von Zakrzewska aus Regenstauf, die das Haus 1919 erwarb, und um Margareta Ohly aus München, die von 1921 bis 1940 Besitzerin war und wahrscheinlich ihre »Gemächer« in den Sommerferien als Pensionszimmer anbot, spätestens vermutlich seit 1925, als zu dem Haus eine »Englische Anlage mit Sommerhäuschen, Seegrund und Schiffshütte« dazukam (Staatsarchiv München, Kataster 25495, Blatt 228). Die nachfolgende Beschreibung des Hauses im Roman lässt dann aber keinen Zweifel mehr, dass die einstige Villa Hirschfeld das gesuchte Haus ist. Das Haus sei anfangs ein gewöhnliches Schloss gewesen, dann aber sei »aufgestockt«, »danebengestockt«, »dazwischengestockt« worden, »und dann hatte einer die Veranda erweitert, und dann hatte einer die Stockungen ins Kraut schießen lassen, und dann hatte einer aus Leibeskräften die Stockungen überstockt, und nun war es ein sogenanntes Konglomerat geworden«. Tatsächlich ist die heutige Villa Hirschfeld an der Assenbucher Straße 77 immer wieder baulich verändert worden. Das Nebengebäude wurde 1879 verlängert, 1883, als die Baronin Hirschfeld das Haus erwarb, kam der rückwärtige Quertrakt dazu, 1906 wurde der Dachstuhl erhöht und das Nebenhaus in ein Kutscherhaus umgewandelt – all diese Indizien bestätigen nur die mündliche Mitteilung eines Nachbarn aus Leoni, Oberst Max Sorg, noch im Zweiten Weltkrieg der heutigen Hausbesitzerin gegenüber, in der Villa Hirschfeld spiele das »Quartett zu dritt«. Vermutlich dürfte die Pension der »Baronin von Ketteldreh« nach 1935 aufgegeben worden sein, denn als der Vater der heutigen Besitzerin im April 1940 das schon länger leer stehende Haus gekauft hatte, fielen beim Öffnen der Fensterläden die schlafenden Fledermäuse auf den Boden. So dürfte Hans Reimann also das »Schloss Ketteldreh« zwar aus zwei Häusern zusammenfantasiert, als Schauplatz für das »Quartett zu dritt« aber eindeutig die Villa Hirschfeld gemeint haben. Und diese Villa ist eben der Ort »in Leoni am Starnberger See«, wo im Sommer 1931 das erste Drehbuch der »Feuerzangenbowle« geschrieben worden ist.

»Besuch im Karzer«

Nun also, wie kam es denn zur »Feuerzangenbowle« in Leoni? Heinrich Spoerl (1887–1955), der mit Frau und Sohn als Anwalt in Düsseldorf lebte, hatte sich schon einige Zeit vorher brieflich an Hans Reimann gewandt und mit dessen Hilfe eine recht erfolgreiche Komödie geschrieben. Der Erfolg verlangte nach mehr, und so sollte der gemeinsame Sommer 1931 in Leoni, möglicherweise auch ein wenig von Fred Endrikat unterstützt, dazu genutzt werden, ein neues Stück zu schreiben. Doch es kam anders.

Die persönlichen Unterschiede zwischen den überschwänglichen Kabarettisten Reimann und Endrikat sowie dem anwaltlich kühlen Heinrich Spoerl, den Reimann nur Hinrich nannte, waren freilich sehr erheblich. Reimann führt als Beispiel für Spoerls »nüchterne Einstellung zur Welt« eine Wanderung von Leoni nach Aufkirchen an, wo sich die

Gruppe, bestehend aus den Ehepaaren Endrikat, Reimann und Spoerl im Wirtshausgarten niederlässt und bei der bekannt schönen Aussicht auf die Berge einen schönen Sonnenuntergang bewundert, allen voran der Naturschwärmer Endrikat: »Die drei Frauen, angesteckt von seiner lyrischen Schwärmerei, äußerten Worte der Entzückung. Dann Schweigen der Versunkenheit. In das Schweigen hinein tönte Hinrichs rheinisch gefärbtes Organ: ›Das ist alles bloß kosmischer Dreck.‹ Fred schnitt tagelang den prosaischen Menschen.«

Dessen ungeachtet ist das Team Reimann–Spoerl in diesen Sommerwochen recht erfolgreich. Auf der Suche nach einer Idee findet Reimann, von Spoerl begleitet, in einem Münchener Antiquariat eine sehr gute Vorlage. Es handelt sich um die erfolgreiche Humoreske »Besuch im Karzer« (1875) des Gießener Schriftstellers Ernst Eckstein (1845–1900). Das Stück hat 50 Auflagen erlebt, liegt als populäres Reclam-Heftchen vor und schreit ganz offenbar nach einer neuen Form. Die Freunde fahren lesend an den Starnberger See, mit dem Schiff hinüber nach Leoni, und, so Reimann: »Noch bevor wir in Leoni landeten, stand für uns beide fest: Es wird kein Stück geschrieben, sondern ein Film. Was dabei herauskam, wurde dann von mir ›Die Feuerzangenbowle‹ betitelt. Hinrich, der gewissenhafte Arbeiter, ging gern auf Nummer sicher. Wir schrieben also nicht – wir entwarfen. Das dauerte etwa einen Monat. Dann brachte ichs zu Papier. Hinrich fuhr nach München und diktierte das umfangreiche Exposé in einem Büro. Den Schluß hatte er, mit aller gebotenen Zurückhaltung übermütig werdend, allein konstruiert.«

»So ein Flegel«

Man lässt sich also anregen, will aber, schon aus rechtlichen Gründen, ein neues, völlig eigenständiges Stück aus der Vorlage entwickeln, daher der neue Titel. Die Arbeit beginnt. Das Exposé wird von einem Schulexperten überprüft. Reimann lässt sich sodann persönlich auf das Abenteuer ein, als Herr in mittleren Jahren noch einmal auf die Schule zu gehen, um das Abitur nachzuholen. Er gibt auch an, wo das war: In Neusalz an der Oder. Das ist die Geburtsstunde der Doppelrolle des Dr. Hans Pfeiffer als Schriftsteller und Oberprimaner.

Film-Kurier der ersten »Feuerzangenbowle«, 1934.

Szenenfoto der zweiten »Feuerzangenbowle«, 1944.

Anfang 1932 ist das sorgfältig erstellte Manuskript fertig, wird 17 deutschen Verlagen angeboten – und abgelehnt. Ein kleiner Verlag in Düsseldorf druckt den Text, Otto Bernheim, der Schwager Heinz Rühmanns, wird darauf aufmerksam, verpflichtet Reimann für das Drehbuch, und 1934 kommt der Film »So ein Flegel« mit Heinz Rühmann in der Hauptrolle (Regie: Rudolf A. Stemmle) zum ersten Mal in die Kinos. Heinz Rühmann spielt hier übrigens nicht nur die Doppelrolle des Dr. Hans Pfeiffer als Autor und Primaner, sondern zusätzlich noch die Rolle des flegelhaften Bruders Erich Pfeiffer, der am Theater und privat wiederum die Rolle von Hans übernimmt. Der Film ist von großer Qualität, und die schauspielerische Leistung Heinz Rühmanns bereits grandios. Nur Heinrich Spoerl war nicht zufrieden und tat den Film als »billiges Schnitzelwerk« ab.

Für die zweite, berühmtere Verfilmung der »Feuerzangenbowle« (1944, Regie: Helmut Weiss) schrieb Spoerl das Drehbuch dann selbst. Es heißt, er habe Heinz Rühmann die Doppelrolle des Dr. Hans Pfeiffer praktisch auf den Leib geschrieben. Rühmann selbst bestätigt die außerordentlich gute Zusammenarbeit in seinen Erinnerungen »Das war's« (1982): »Mit Heinrich Spoerl habe ich mich glänzend verstanden. Seine Gestalten beflügelten meine Phantasie.« Etwas später führt er diese Zusammenarbeit etwas genauer aus und gibt damit einen winzigen Einblick in das Geheimnis seiner großen Kunst: »Heinrich Spoerl war ein scharfer Beobachter, der genau auf meiner Wellenlänge dachte. Der kleine bürgerliche Mensch in seinen Nöten und Sorgen lag ihm am Herzen, und wir konnten stundenlang über Details diskutieren, die für ihn genauso wichtig waren wie für mich.«

Heinz Rühmann auf der Maxhöhe

Seine letzten Lebensjahre hat Heinz Rühmann seit 1981 mit seiner dritten Ehefrau Hertha in seinem Haus am Klosterweg auf der Grenze zur Maxhöhe verbracht; die in Grünwald begonnenen Erinnerungen hat er hier zum größten Teil geschrieben und beendet. Viel und gern war er hier auf Spaziergängen unterwegs, mit dem Hund Arpad im Moos von Höhenrain, oder auf seinem Lieblingsweg zwischen Aufkirchen und Sibichhausen, der heute sogar nach ihm heißt. Ob bei konzentrierter Arbeit auf der Terrasse des Schlosshotels von Berg oder geruhsam mit seiner Frau am Teich mit den wunderbaren Seerosen, man sieht den Fotos aus dieser Zeit an, wie gut es dem großen alten Mann der deutschen Filmkomödie in dieser Landschaft gefallen hat. Der genaue, ja immer geradezu penibel vorbereitete Schauspieler (und leidenschaftliche Flieger!), der in einer über 60 Jahre währenden Bühnen-, Film- und Fernsehkarriere mehrere Generationen von Zuschauern zum Lachen brachte, bleibt in seiner grandiosen Vielseitigkeit unvergessen. Am 3. Oktober 1994 ist Heinz Rühmann im Alter von 92 Jahren in seinem Haus am Klosterweg gestorben. Nach einer großen Gedenkfeier im Münchener Prinzregententheater am 30. Oktober 1994 wurde seine Urne im engsten Familienkreis auf dem Friedhof von Aufkirchen beigesetzt. Zur großen Überraschung der Trauergemeinde kam der Chor der St. Michaelis-Kirche in Hamburg, die ihm durch seine Lesungen der Weihnachtsgeschichte zur künstlerischen Heimat geworden war, ebenfalls zur Trauerfeier und sang dem Mimen einen letzten Gruß.

Heinz Rühmann bei seinem liebsten Spaziergang auf dem später nach ihm benannten Weg von Aufkirchen nach Sibichhausen.

Windrad und Mörserturm.
Der Flugzeugingenieur und Unternehmer
Siegfried Genz

Niemand hat in den vergangenen fast zwei Jahrzehnten für mehr Aufregung in der Gemeinde Berg gesorgt, über niemanden gehen die Meinungen weiter auseinander, von freudiger Zustimmung bis zu entschiedener Ablehnung, und über niemanden kursieren gleichzeitig abenteuerlichere Vermutungen und Gerüchte als über den diplomierten Flugzeugingenieur und Unternehmer Dr. h.c. Siegfried Genz. Freilich erfährt der mittlerweile größte Grundbesitzer der Gemeinde Berg mit Hauptwohnsitz in Innsbruck seit seinem ersten Grundstückskauf 1983 und den spektakulären Baumaßnahmen vom Windrad bis zum Mörserturm große und ungeteilte Aufmerksamkeit. Es wurde sogar bereits die Überlegung angestellt, ob Genz nicht von den Zeitungen ein besonderes Honorar erhalten solle für den hohen Unterhaltungswert, den die Meldungen über seine Unternehmungen auf der Maxhöhe und in Starnberg zweifellos haben. Ganz besonders schwierig scheint es daher auch zu sein, einigermaßen unvoreingenommen an das vielschichtige Thema heranzugehen, ohne nicht gleich der Parteilichkeit geziehen zu werden. Ein Oskar Maria Graf würde sich zwar nicht lange um Empfindlichkeiten scheren und das Thema nach allen Regeln seiner Kunst aufbereiten. Aber ein neuer Oskar Maria Graf ist weit und breit nicht in Sicht. Der alte Graf hat uns allerdings noch immer viel zu sagen. Die Mentalitäten der »Provinzler«, die er so gnadenlos deutlich vorgeführt hat, scheinen weitgehend bis heute gleich geblieben zu sein. Das lässt sich besonders gut an den beiden Erzählungen Grafs aufzeigen, in denen die Maxhöhe eine Rolle spielt; ihnen ist in diesem Buch ein eigenes Kapitel gewidmet. Verblüffend dabei ist, dass sich eine Linie von dem spendablen Baron Minor auf der Maxhöhe in der Erzählung »Die Firmung« sogar direkt bis zum Unternehmer Genz ziehen lässt, der ebenfalls großzügig das einheimische Handwerk mit seinen Baumaßnahmen fördert. Noch verblüffender ist, dass sich noch niemand des Themas Siegfried Genz auf der Maxhöhe literarisch angenommen hat. Ein besseres und interessanteres Thema in der Mi-

Dornier-Wasserflugzeug über Starnberg, um 1925.

schung aus aktueller Orts- und Zeitgeschichte ist doch kaum vorstellbar. Es bietet geradezu den Stoff für einen spannenden Roman.

Prolog

Flugzeuge sind im Landkreis Starnberg wahrlich keine Fremdkörper, und ein Flugzeugingenieur und Unternehmer steht dort auf dem Weg vom Dampfschiff zum Windrad in bester Tradition. Bereits im September 1913 errichteten die Otto-Werke südlich des Starnberger Freibads einen Schuppen für drei Wasserflugzeuge, und am 6. September 1913 flog das erste Wasserflugzeug über den Starnberger See! Kurz darauf gründete 1914 der Luftfahrtpionier und geniale Konstrukteur Claude Dornier (1884–1969) auf einem Zeppelin-Werksgelände am Bodensee seine eigene Firma und revolutionierte den Flugzeugbau durch die Einführung von Leichtmetall anstelle der alten Bauweise aus Holz, Draht und Stoff. So war es kein Wunder, dass im Juli 1925 auch über dem Starnberger See Rundflüge mit Dornier-Ganzmetallflugzeugen stattfanden. Als die Lufthansa 1926 gegründet wurde, kamen über 70 Landflugzeuge der Dornier-Typen

134

Junkers-Wasserflugzeug auf dem Starnberger See, um 1925.

»Komet« und »Merkur« zur Flotte der neuen Fluggesellschaft. Die Leicht-
bauweise der Flugzeuge machte auch die ersten Atlantiküberquerungen
möglich. Nachdem der Amerikaner Charles Lindbergh den Atlantik am
20./21. Mai 1927 mit seiner »Spirit of St. Louis« von West nach Ost überquert hatte, taten es ihm die deutschen Flieger Herrmann Köhl und
Günther Freiherr von Hünefeld sowie der irische Major C. James Fitz-
maurice mit ihrer Junkers W 33 »Bremen« nach und flogen am
12./13. April 1928 von Ost nach West über das große Wasser. Die Stadt
Starnberg bereitete den drei Fliegerhelden am 29. Juni 1928 auf dem Tutzinger Hofplatz und im Seerestaurant »Undosa« einen großen Empfang.
Eine technische Sensation war auch das zwölfmotorige Flugschiff Dc-X,
das 1929 zum ersten Mal flog und bei einem Flug mit 170 Personen an
Bord einen für lange Zeit gültigen Rekord aufstellte. Vom 29. April bis
zum 9. Mai 1933 wasserte die Do-X auf dem Starnberger See vor dem
»Undosa« und konnte genauer besichtigt werden. Das Flugzeug mit einer
Spannweite von 48 Metern, einer Gesamtlänge von 40 Metern und einer
Gesamthöhe von 10,25 Metern hatte zwei Curtis-Motoren zu je 650 PS
und bot Platz für 60 Passagiere. Das einmalige Wunderflugzeug stand damals der staunenden Bevölkerung auch für Rundflüge zur Verfügung.

Do-X (D-1929) vor dem Undosa-Wellenbad, 1933.

Nach dem Zweiten Weltkrieg begann die Firma Dornier in Oberpfaffenhofen mit dem Aufbau einer Luftfahrtindustrie und wurde bald einer der wichtigsten Arbeitgeber im Landkreis Starnberg. Hier wurden die ersten Düsenjäger der deutschen Luftwaffe gebaut, von hier aus flog im Januar 1974 der erste bei Dornier montierte Alphajet, eine Koproduktion mit der französischen Firma Dassault. Ab 1976 wurden über 500 Flugzeuge dieses Typs an in- und ausländische Kunden ausgeliefert. Zivile Hauptprodukte im Technologiekonzern Dornier Luftfahrt GmbH waren seit 1981 das 19-sitzige Zubringer- und Mehrzweckflugzeug Dornier 228 und die 30-sitzige Dornier 328 Turboprop-Maschine. Die Übernahme der »DoLuft« 1988 durch die Deutsche Aerospace (DASA) des Daimler-Benz-Konzerns stand unter keinem guten Stern und führte im Juni 1996 zur Übernahme durch den Flugzeugbauer Fairchild aus San Antonio, Texas. Nach Jahren der Neuentwicklung der so genannten 728-Familie stellte die Firma Fairchild Dornier im Juni 2002 den Insolvenzantrag.

Lebenswege

Die Familie Genz stammt aus dem Baltikum. Der Vater Ernst Genz (1911–1991) war dort Gutsbesitzer und Bürgermeister. Nach dem Beginn des Zweiten Weltkriegs, der Eroberung Polens und dem Hitler-Stalin-Pakt, der das Baltikum zum »Interessensgebiet« der Sowjetunion machte, verließen viele Balten ihre Heimat. Auch Ernst Genz übersiedelte mit seiner Frau Margrit (1915–2002) und dem ersten Sohn Hans in das neue Reichsland »Warthegau« im eroberten Polen. Dort kamen die Söhne Siegfried und Manfred zur Welt. Als der Krieg verloren war und die Vertreibung begann, gelang der Mutter mit den drei Söhnen und drei Pferden die Flucht über Coburg nach Haßfurt am Main. Hier verdingte sich der aus der Kriegsgefangenschaft zurückgekehrte Ernst Genz zunächst als einfacher Landarbeiter, setzte dabei erfolgreich seine eigenen Pferde ein und konnte so nicht nur die Familie ernähren, sondern nebenbei auch einen kleinen Bauernhof erwerben, den er mit Fleiß und seiner gut geführten Pferdearbeit bezahlte. Wenige Jahre später fand die Familie Genz ihre zweite Heimat in Schwarzach im Odenwald. Dort wurde Ernst Genz Verwalter auf dem Glashof und später auch auf dem so genannten Schwarzacher Gutshof. Ernst Genz konnte seine drei Söhne zwischen 1958 und 1964 studieren lassen und baute sich 1960 in Schwarzach ein eigenes Haus. In seiner freien Zeit widmete er sich dem Sammeln von Mörsern und Glocken. Eine Glocke, die einst von den Dächern des Gutshofes in Estland geläutet hatte, installierte Ernst Genz auch auf dem Glashof, und der Glockenklang, der von oben zur Mittagspause rief, gehörte mit der Sammelleidenschaft des Vaters für die wertvollen Mörser zu den prägenden Eindrücken im Hause Genz. Für die Maxhöhe sollte das später noch Folgen haben.

Flugzeugingenieur in Afrika (1965–1977)

Das Studium zum Flugzeugbauingenieur in München schloss Siegfried Genz zu Beginn der 60er-Jahre mit dem Diplom ab. Am 1. März 1963 begann er seine berufliche Laufbahn bei der Firma Dornier in Oberpfaffenhofen. Kurz darauf stellte sich dem jungen Mann eine reizvolle Aufgabe, für die Entschlussfreude und Wagemut gefordert waren. Die Flugzeugfirma Dornier erhielt 1963 den Auftrag, zusammen mit deutschen Beratern im Rahmen einer militärischen Entwicklungshilfe die Luftwaffe Nigerias aufzubauen. Mit der Entsendung eines 41-köpfigen Technikerteams unter der Leitung des 24-jährigen Siegfried Genz begann an

15. Januar 1965 dieses auf mehrere Jahre angelegte Projekt. Das Dornier-Team montierte zunächst die von Deutschland nach Nigeria gelieferten 48 Dornier-Flugzeuge der Serie Do-27 und Piaggio P-149, sorgte für einen reibungslosen Flugbetrieb und achtete früh darauf, die technische Ausbildung der einheimischen Piloten durch den gezielten Aufbau von Wartungseinrichtungen und die Ausbildung von Technikern zu unterstützen, wie sie das Abkommen zwischen Deutschland und Nigeria vorgesehen hatte. Für diese Aufgabe, die eine Transparenz der wichtigsten Abläufe ermöglichte und zur Kooperation selbstständiger Partner führte, war Siegfried Genz verantwortlich.

Nigeria

Was das jedoch im Einzelnen bedeutet, wie sehr die europäischen Ingenieure zwischen den Kontinenten und den Kulturen vermitteln mussten, steht auf einem anderen Blatt. Horst Kirschstein gibt in seinem abenteuerlichen und amüsanten Bericht »Drei Tage in Lagos« (2001) aus dem Jahr 1970 einen ersten Eindruck von einem »Afrika für Anfänger«. Dreißig Jahre später gilt Nigeria als korruptestes Land der Erde. Wie kam es dazu?

Das 1960 unabhängig gewordene Nigeria wurde 1963 Bundesrepublik. Das Land ist heute mit 123 Millionen Einwohnern der volkreichste Staat Afrikas. Hauptgruppen der 434 Ethnien sind die muslimischen Hausa, Fulbe und Kanuri im Norden, die christlichen Yoruba im Südwesten und die Ibo im Südosten. Gut 45 Prozent der Einwohner sind Muslime, 38 Prozent Christen, der Rest gehört Naturreligionen an. Sie stehen einer Minderheit von 16.000 Europäern, meist Briten, gegenüber. Die ethnischen, religiösen und sozialen Spannungen zwischen den Bevölkerungsgruppen der einzelnen Regionen entluden sich 1966 in zwei blutigen Putschen und in einem Pogrom gegen die Ibo. Daraufhin rief 1967 der Militärgouverneur der von Ibos bewohnten Ostregionen den unabhängigen Staat Biafra aus. In einem dreijährigen Bürgerkrieg siegte die nigerianische Zentralregierung 1970 gegen Biafra und löste den selbstständigen Staat wieder auf. Präsident Gowon finanzierte im Anschluss daran den Wiederaufbau Nigerias hauptsächlich durch die

Erdölförderung. Nach seinem Sturz durch einen Militärputsch 1975 und der Ermordung seines Nachfolgers wurde General Olusegun Obasanjo 1976 zum ersten Mal Staatschef. Die Parlamentswahlen von 1979 brachten einen Präsidentenwechsel und danach bis 1985 einen Militärputsch nach dem anderen.

Haupteinnahmequelle des Landes ist mit 95,8 Prozent der Export von Erdöl, dabei leben 70 Prozent der Bevölkerung unter der Armutsgrenze. Die vom Militärregime geduldete Ausbeutung des Landes durch die Ölindustrie geschah auf Kosten einer ökologischen Katastrophe. Auf diese Zusammenhänge machte der Schriftsteller Ken Saro-Wiwa (1941–1995) mit der »Bewegung für das Überleben der Ogoni« international aufmerksam. Obwohl er 1994 mit dem Alternativen Nobelpreis ausgezeichnet und sogar für den Friedensnobelpreis vorgeschlagen wurde, verurteilte ihn die Militärdiktatur wegen eines Überfalls zum Tode und ließ ihn trotz internationaler Proteste im November 1995 mit acht seiner Mitstreiter hinrichten. Vor diesem tragischen Hintergrund war die Einführung der Demokratie eine große politische Kurskorrektur. Der 1999 erstmals demokratisch gewählte Präsident Olusegun Obasanjo kann jedoch sein Wahlversprechen, eine Verbesserung der Lebensbedingungen der Bevölkerung besonders im erdölreichen Niger-Delta zu erwirken, bis heute nicht einlösen. Ergebnis der Missstände sind Anschläge auf Ölförderanlagen, gefolgt von ethnischen und religiösen Unruhen sowie die Einführung der strengen islamischen Scharia 2000 im Bundesstaat Borno. Die Konflikte nehmen zu. Sie jeweils nur einer Seite anzulasten, ist bei dieser Komplexität nicht mehr möglich. Der Präsident Olusegun Obasanjo strebt Versöhnung und Entschädigungen an.

Flugzeugunternehmer in Afrika (1977–2000)

Die Zusammenarbeit zwischen Dornier und der nigerianischen Regierung erreichte Ende der 70er-Jahre mit einem großen Auftrag für Leichttransportflugzeuge einen weiteren Höhepunkt. Geliefert wurden 24 Stück des Schulflugzeugs Alphajet sowie 24 Do-28 und Do-228-Maschinen. In diesen Jahren war Siegfried Genz auch Repräsentant der französischen Flugzeugtriebwerksfirma Snecma und, in Vertretung von Mar-

Eine Do-328 der DANA im Einsatz.

cel Dassault, Leiter der Generalagentur für Nigeria und Westafrika mit
vertraglich gesichertem Gebietsschutz durch Dornier. Der Ausbildungs-
bedarf der Nigerian Air Force stieg erheblich und führte zur Gründung
einer eigenen Technischen Schule durch Dornier im nordnigerianischen
Kaduna. Gleichzeitig damit entstanden zwei Dornier-Marineschulen in
Apapa und Sapele. All diese Projekte wurden von Siegfried Genz begleitet und fertig gestellt, in Funktion gebracht und übergeben. Danach verlegte Siegfried Genz den Schwerpunkt seiner Aktivitäten auf die zivile
Luftfahrt und gründete 1979 in Kaduna mit der AIEP (Aeronautical In-
dustrial Engineering and Project Management Co. Ltd.) eine Dornier-
Beteiligungsgesellschaft. Die daraus entstandene Firma DANA (Dornier
Aviation Nigeria AIEP Ltd.) wurde im Lauf der Zeit das führende Un-
ternehmen der nigerianischen Flugzeugindustrie, vor allem durch die
Entwicklung und Serienfertigung des Schulflugzeugs »Air Beetle« (Luft-
Käfer) und einer großen Flotte von Regionalflugzeugen des Typs

140

Der Flughafen von Kaduna.

Do-228, die neben der Do-328 im Linien- und Charterdienst, aber auch als Arbeitsflugzeuge bis heute westafrikaweit im Einsatz sind. Dabei befassen sich die 600 Mitarbeiter vorrangig mit Wartungs- und Reparaturarbeiten für die eigenen Maschinen, aber auch für 21 weitere Flugzeugtypen mit entsprechenden Lizenzen. Mit ihren Wartungseinrichtungen ist die Firma DANA weit über die Landesgrenzen hinaus in ganz Westafrika überaus angesehen. Auch ausländische Kunden lassen ihre diversen Fluggeräte in Kaduna warten, reparieren und modifizieren. Das moderne »General Aviation Centre« befindet sich auf dem Gelände des alten Flughafens von Kaduna, und die Landepiste wird gemeinsam mit der nigerianischen Luftwaffe genutzt. Die drei Komplexe umfassen fünf Hangars und eine Flugzeugwerkstatt für die Produktion des Air Beetle.

Das Hauptgebäude der DANA mit dem Firmenemblem.

Stolz ist man besonders auf das Trainingszentrum, das der heutige Geschäftsführer Dipl. Ing. Klaus Gloege »Centre for Technology Transfers« nennt. Angeboten werden Kursprogramme mit verschiedenen Flugzeugtypen und Triebwerken, unterstützt von den modernsten audiovisuellen Medien. Die Schulen der nigerianischen Marine und Luftwaffe sind beispielhaft für die technische Berufsausbildung in Nigeria geworden. Das »Training made by Dornier« gilt als vorbildlich. Techniker, die dort ausgebildet worden sind und die Prüfungen bestanden haben, werden bevorzugt in ganz Nigeria eingesetzt. Zu seinem 60. Geburtstag verlieh die älteste Universität des Landes, die Ahmadu-Bello-Universität in Zaria, Siegfried Genz den Doktortitel honoris causa für seinen erfolgreichen »Technologietransfer von Deutschland nach Nigeria« und Westafrika, eine Auszeichnung, die im Jahr 2000 von der demokratisch gewählten

142

Der Staatspräsident von Nigeria, Olusegun Obasanjo, begrüßt Siegfried Genz, 2000.

nigerianischen Regierung insgesamt nur zwei Mal verliehen wurde! Der Staatspräsident und Oberbefehlshaber der Streitkräfte Olusegun Obasanjo gehörte zu den Gratulanten. Im Jahr 1997 begann Siegfried Genz sich aus den afrikanischen Geschäften zurückzuziehen. Er übertrug seine Vertretungen und wird seine Anteile an der von ihm aufgebauten Firma DANA bis Ende 2002 verkauft haben. Schon heute fliegt Genz nur noch zum Golfspielen ab und zu nach Nigeria.

Das Unternehmen Maxhöhe

Der große Erfolg in den afrikanischen Unternehmungen und die immer selbstständiger arbeitende Flugzeugfirma ließen Siegfried Genz bereits zu Beginn der 80er-Jahre nach neuen Arbeitsfeldern Ausschau halten. Die zudem für einen späteren Zeitpunkt geplante endgültige Rückkehr nach Europa führte zur Suche nach möglichen Wohnorten in Bayern und Österreich. Das schönste Grundstück war dabei der Hügelrücken der Maxhöhe über dem Starnberger See, wo 1983 das Grundstück Hoy mit einem Rittmeisterhaus und der kleine, alte Enzianhof mit Grund und einer privilegierten Landwirtschaft gekauft wurden. Vorgefunden wurde buchstäblich eine Schutthalde, aus der, wie sich ein Nachbar erinnert, »ein Dutzend LKW-Ladungen Schrott, verrostete Autowracks, Autoreifen, kaputte Möbel, vergammelte Batterien und massenweise Müll und Bauschutt« abtransportiert wurden. Mit dem Bau des neuen Wohnhauses 1984 sowie der Anpflanzung von 30.000 Bäumen und Büschen heimischen Gehölzes, der Sanierung eines kleinen Weihers – den Hans Reimann übrigens bereits in seinem Roman »Quartett zu dritt« 1932 anlässlich einer Wanderung von Leoni nach Aufkirchen erwähnt, weil er hier bei der Betrachtung eines Frosches auf allerlei Gedanken kommt – und dem Aufstellen von 300 Vogelhäuschen entstand aus der Schutthalde »eine Park-Oase in einem sonst stark zersiedelten Gebiet«, wie sogar amtlich festgehalten wurde. Aus dieser Oase auf der Maxhöhe wurden im Lauf der Jahre durch Zukäufe bis heute 80 Hektar. Wiederum sollte aus dem Enzianhof mit seiner landwirtschaftlichen Privilegierung ein Genz-Gut ganz in der väterlichen Tradition werden, selbst versorgt mit modernster Technologie und gleichzeitig von Nutzen für die Umgebung. So weit der Plan, für ein ausgewiesenes Landschaftsschutzgebiet mit angrenzendem, in den letzten Jahrzehnten immer dichter besiedelten Wohngebiet vielleicht etwas kühn gedacht, aber alles in allem schien der Plan sinnvoll und nützlich. Die Geschichte begann.

Energie-Projekt Berg

Der Verbund von Thermosolaranlage (1984), Photovoltaikanlage (1986), Blockheizkraftwerk und Windrad (1995) hat den Enzianhof auf der Maxhöhe autark gemacht. Einer Anregung seines Lehrers, des berühmten »Technosophen« Professor Ludwig Bölkow (Jg. 1912) folgend, setzte Siegfried Genz zudem die Solare Wasserstofftechnologie in den Prototyp eines über eine Brennstoffzelle betriebenen Wasserstoffwagens um. Auf der Maxhöhe sind seit 1996 die ersten Autos mit dem neuen zukunftsorientierten Antrieb unterwegs.

144

Luftaufnahme des Genz'schen Anwesens mit dem Wohnhaus, der Thermosolaranlage darüber, dem Windrad und dem hinter Bäumen verdeckten Mörserturm.

Im »Energie-Projekt Berg« wird Strom ausschließlich durch eine Photovoltaik- und Windkraftanlage für das ganze aufeinander abgestimmte System gewonnen. Der überschüssige Strom (Anteil ca. 50 Prozent) wird dabei an das öffentliche Netz abgegeben, in Batterien gespeichert oder zur Produktion solaren Wasserstoffs genutzt. Aus den Batterien werden die Elektrofahrzeuge auf dem Gelände, die Wasserstoff-Autos sowie das Wohnhaus mit allen Nebengebäuden mit Elektrizität versorgt. Auf dem Energiesektor funktioniert der Austausch mit der Gemeinde Berg ganz vorzüglich: Das öffentliche Netz dient als »Puffer« beim Ausgleich von Über- oder Unterproduktion des Stroms auf der Maxhöhe. Das »Energie-Projekt Berg« gibt heute allerdings bereits mehr Solarstrom an das öffentliche Netz ab, als es in den Tagen schwächerer Leistung von dort bezieht. Die Anlagen im Energie-Projekt arbeiten computergesteuert und vollautomatisch.

Das Windrad

Das Energie-Projekt hat sich trotz erheblicher bürokratischer Behinderungen und nachbarschaftlicher Vorbehalte entwickelt und etablieren können. Die Energieversorgung der Maxhöhe ist auf Dauer gesichert. Spektakulärstes Zeichen für diese neuen Ideen auf der Maxhöhe ist das weithin sichtbare Windrad. Seine Geschichte allein ist ein Abenteuer für sich.

Das zähe Ringen um die technische Zukunft am Starnberger See hat eine lange Tradition. So musste der Baurat Himbsel von 1837 bis 1849 genau zwölf Jahre warten, bis sein Plan zum Bau eines Dampfschiffs auf dem Starnberger See nach den Absagen König Ludwigs I. endlich von dessen Sohn König Maximilian II. genehmigt wurde. Diese Wartezeit entspricht genau den zwölf Jahren, die vom Plan eines Windrads 1983 auf der Maxhöhe bis zur endgültigen Bewilligung und Aufstellung 1995 vergangen sind. Wer sich als Außenstehender den Ordner mit den Dokumenten der technischen, bürokratischen und nachbarschaftlichen Auseinandersetzungen ansieht, das Hin und Her von Absage und Zusage, Anfeindung und Befürwortung, Gutachten und Gegengutachten, hat den Stoff für einen spannenden Roman, wenn nicht gar für einen

Krimi vor sich. Die Darstellung dieser Geschichte ist auch einer eigenen Publikation vorbehalten.

Dabei gab es mehr als 25 Jahre lang schon einmal ein Windrad am Starnberger See, noch dazu ganz in der Nähe der Maxhöhe, am Seeufer in Weipertshausen. Von 1932 bis 1958 drehte sich dort in 16 Meter Höhe ein zwölfflügeliges Rad mit 6,5 Meter Durchmesser und versorgte ein altes Hotel, das unterhalb der Seeburg gelegene so genannte »Bayerische Haus« der Familie eines Rechtsanwalts aus München, mit elektrischem Strom. Einer Recherche von Kurt Höpfl aus Gauting zufolge, die in einem Leserbrief des »Starnberger Merkur« am 11./12. Juli 1992 mitgeteilt wurde, sei diese Investition laut Betreiber damals zwar gewagt gewesen, habe sich aber insgesamt rentiert. Freilich, wenn der Wind gegangen sei, habe man elektrisches Licht gehabt, wenn nicht, sich mit Kerzen und Öllampen beholfen. An diesem Detail zeigt sich ein Grundproblem der ganzen Thematik: Die Kunst ist nicht so sehr, die Energie durch den Wind zu gewinnen, als vielmehr, sie speichern zu können und einen Ausgleich zwischen den unterschiedlichen Anforderungen zu schaffen. Wie auch immer, das erste Windrad am Starnberger See wurde 1958 abgestellt und 1965 mit der ganzen Anlage abgetragen.

Das Windrad auf der Maxhöhe wurde Ende August 1995 vom Landratsamt Starnberg endgültig genehmigt und bis zum November 1995 aufgestellt. Für die Anlage vom Typ Enercon 30 mit einer Nabenhöhe von 36 Metern gab es einige Auflagen. Belästigungen, die von den Rotorbewegungen, von Schattenwurf und blitzendem »Disco-Effekt« ausgehen können, wurden zwar immer wieder vereinzelt moniert, halten sich insgesamt jedoch in den vorgeschriebenen Grenzen. Ein Kuriosum der langen Zeit bis zum Aufstellen war, dass die zunächst vorgesehenen drei Windräder in der Zwischenzeit veraltet waren und in der Leistung dem einen neuen entsprachen, das freilich etwas höher gebaut wurde. Nun ist das Windrad auf der Maxhöhe ein Wahrzeichen geworden, für die einen Triumph, für die anderen Hohn. Und ähnlich wie das Windrad auf dem Müllberg von München dreht das Windrad auf der Maxhöhe von Berg unverdrossen seine drei Rotorblätter (hin und wieder kurz bürokratisch oder durch Blitzschlag stillgelegt) und bringt seine Leistung.

Wohnhaus und »Schwarzbauten«

Neben dem Windrad genießt auch das Wohnhaus die behördliche Genehmigung. Über die weitere Nutzung des Geländes gehen die Ansichten seit Jahren allerdings weit auseinander. Die eine Seite sieht sich landwirtschaftlich privilegiert und hat notwendige Bauten für eine wertvolle Sammlung mit historischen Lanz-Traktoren, mit alter Mühlrad-Technik, einem größeren Glockenspiel und einer Schnaps-Destille bereits errichtet. Die andere Seite streitet diese Privilegierung ab und erklärt auch Schafstall, Scheunen und Garagen wegen fehlender Baugenehmigungen für »Schwarzbauten«. Daher erregt grundsätzlich alles Gebaute im Umkreis des Genz'schen Anwesens Argwohn und Ablehnung wie die Mauer aus Odenwalder Sandstein, die das Grundstück umgibt oder ein aufgestellter Mühlstein an einer Ruhebank und natürlich auch ein laut plätschernder Brunnen. Die Fronten sind klar, die einen sehen Reichtum und Willkür am Werk, die anderen Neid und Missgunst. Ausgewogenheit und Fairness fehlen. Der neue Berger Bürgermeister Rupert Monn hat in diesem Streit keine leichte Aufgabe, aber, wie er auf der ersten Bürgerversammlung seiner Amtszeit Anfang April 2001 diplomatisch kundtat, sieht er einen guten Willen am Werk. Genz wolle »»mit der Gemeinde Berg Frieden schließen und einige – sagen wir – zumindest dunkelgrau errichtete Bauten beseitigen‹‹ (»Starnberger SZ«, 6. 4. 2001). Ein wichtiger Schritt auf dem Weg zur Anerkennung des Enzianhofes als privilegierter Landwirtschaft und der damit verbundenen ›Legalisierung‹ aller fragwürdigen Bauten war im Juni 2002 die deutliche Befürwortung einer großen Reithalle durch den Berger Gemeinderat.

Der Mörserturm

Um den so genannten »Mörserturm« zu verstehen, muss man ein wenig ausholen. Die Mörser- und Glockenprojekte des Siegfried Genz sind zunächst aus einem sehr persönlichen Anliegen entstanden, aus der Erinnerung an das wertvolle kulturelle Erbe seines Vaters. Ernst Genz (1911–1991) hat über sechs Jahrzehnte wertvolle Glocken und Mörser aus aller Welt gesammelt.

148

Der Mörserturm.

Mörser, diese uralten Handwerksgeräte aus Becher und Stößel, und Glocken haben eine große formale und materielle Verwandtschaft. Sie sind beide meist aus Bronze, und der Mörser mit seinem Stößel wird – einmal umgedreht – zur Glocke mit Klöppel. Daher hat Ernst Genz bereits 1931 mit dem Sammeln sowohl von Mörsern als auch von Glocken begonnen. Nach dem Krieg hat er die Sammlung auf Mörser spezialisiert; die gesammelten Glocken wurden allerdings sorgsam verwahrt. Nach dem Tod seines Vaters 1991 hat Siegfried Genz die Glocken- und Mörsersammlung geerbt und nach Berg am Starnberger See überführt.

Die Mörsersammlung ist mit 5.000 Exponaten aus zwei Jahrtausenden derzeit die größte Sammlung ihrer Art auf der Welt. Um diese Sammlung angemessen präsentieren zu können, wurde auf dem Grundstück hinter dem Enzianhof über einer Zisterne, dem ehemaligen Wasserspeicher der Gemeinde Berg mit einem Fassungsvermögen von 60.000 Litern Regenwasser, ein so genannter Mörserturm errichtet und am 15. September 1996 feierlich eröffnet. Dabei ging der Bauherr sicher ein wenig kühn vor, indem er erst baute und dann um Genehmigung und Zustimmung ersuchte. Aber der Wunsch, bald schon die wertvolle Sammlung angemessen unter Dach und Fach zu bringen und einer interessierten Öffentlichkeit präsentieren zu können, hatte Fakten geschaffen, für die eine nachträgliche Zustimmung zu erwarten und auch in Aussicht gestellt war.

Doch anstatt sich über die öffentlich zugängliche wertvolle Mörsersammlung, die interessierten Gruppen in speziellen Führungen präsentiert wird, zu freuen, hält ein Streit über die Genehmigung an, der eher auf den Abriss des Mörserturms zielt. Um die Sammlung und den Turm mit himmlischem Beistand dennoch auf der Maxhöhe zu halten, wurde im Jahr 2001 eine zehn Tonnen schwere so genannte »Mörserglocke« gegossen, die nun von Schwarzach im Odenwald aus täglich zu Frieden und Eintracht läutet. Die Schwarzacher Mörserglocke ist übrigens die Schwesterglocke zur großen König-Ludwig-II.-Glocke, die als Dauerleihgabe nach Füssen zum Musical-Gebäude gegeben wurde, um dort ebenfalls mit täglichem Läuten den königlichen Beistand gegen die Querelen in Berg zu erhalten.

150

Auf dem Weg vom Technologie-Transfer zwischen Europa und Afrika zum Kultur-Transfer zwischen Bayern, Tirol und dem Odenwald sollte die Maxhöhe ein besonderes Profil erhalten. Ziel war zunächst, Technologie und Kultur in einer besonderen Energie-Galerie zusammenzuführen. Auch wenn dieser Plan aus baurechtlichen Gründen in der Zwischenzeit aufgegeben wurde, bleibt das Konzept bestehen. Über das Energie-Projekt hinaus sollte die Energie-Galerie gezielt dem Gemeinwohl dienen, neue Perspektiven eröffnen und das Bewusstsein für herkömmliche und alternative Energien schärfen. Die Grundidee war dabei eine Entlastung der Maxhöhe auch im Blick auf eine dauerhafte gute Nachbarschaft. Der Wohnwert der Maxhöhe sollte erhalten bleiben, und auch keine neuen Flächen verbaut werden. Im Gegenteil wurde sogar daran gedacht, spektakuläre Aspekte des »Energie-Projekts«, wie etwa das Windrad, unter Umständen abzubauen oder auszulagern.

Die Energie-Galerie wäre aufgefallen durch einen Glaszylinder auf der Höhe, der das Ensemble aus einem bereits bestehenden Zentralgebäude für alte Technikformen und dem ebenfalls bereits bestehenden Mörserturm ergänzt hätte. Einen eigenen Ort sollte auch das weltweit größte Glockenspiel (Carillon) aus 100 einzelnen Glocken, darunter die König-Ludwig-II.-Glocke, nach der Verlegung des Windrads in einer aparten Aufhängung um den übrig gebliebenen Mast finden. Die bisherigen »Schwarzbauten«, wie die Waldscheune, das Gärtnerhaus und das Forsthaus, sollten auf jeden Fall ersatzlos weichen.

Im ebenfalls als »Schwarzbau« bezeichneten Kerngebäude finden sich bereits die alte Schmiede und die Schnapsbrennerei, das Glockenspiel und ein altes Mühlrad sowie die Sammlung der Lanz-Traktoren. Formen der frühen Holzbearbeitung und der Beginn der Elektrotechnik können hier bereits betrachtet werden. Im Unterschied oder besser in Ergänzung zum Deutschen Museum wäre die Energie-Galerie als eine private Stiftung betrieben und nur zeitweilig für etwa drei bis sechs Veranstaltungen im Jahr genutzt worden. Sie hätte repräsentativen Charakter gehabt und wäre für alle Formen kulturellen Lebens offen gewesen. Damit wird es nun nichts mehr, und daher musste das Konzept für die bestehenden Sammlungen neu bedacht werden.

Nach dem langen Streit und dem Ende der Energie-Galerie wurde ein neues Konzept entwickelt. Der Mörserturm soll nun Teil eines größeren Ensembles von so genannten Kunstkammern werden, die auf der Maxhöhe eingerichtet und auf eine besondere Weise miteinander verbunden werden sollen. Von den Kunstkammern der frühen Neuzeit in Europa zwischen St. Petersburg und Schloss Ambras bei Innsbruck gehen ja bis heute wertvolle Impulse aus. Im Gegensatz zum Museum kann eine Kunstkammer viele verschiedene Aspekte der Welt- und Kulturgeschichte versammeln. Im Fall der Kunstkammer Maxhöhe gibt es daher neben der Halle mit der alten Technik, der Sammlung von Lanz-Traktoren und dem großen Glockenspiel auch bereits eine bedeutende Mineraliensammlung, für die jeweils eigene Bereiche geschaffen werden.

Eingedenk dieser Tradition und im Hinblick auf realisierbare Perspektiven soll auf dem Grundstück von Siegfried Genz ein neues Haus nach dem bestehenden Baurecht entstehen. Die »Villa Maxhöhe« soll dabei privates und öffentliches Interesse des Bauherrn kombinieren. In großzügig bemessenen Räumen wird eine Geschichte der Welt in eigenen Kunstkammern inszeniert werden. Von seltensten und in ihrer Größe zugleich völlig einmaligen Mineralien geht es zu den aus Bronze gewonnenen Mörsern und Glocken in einzigartiger Größe und Vielfalt; vom kostbaren Porzellan über wertvolle Uhren zu verschiedenen Formen alter Technik.

Wie bereits beim Mörserturm und beim Windrad, die einer interessierten Öffentlichkeit schon lange zugänglich sind, soll die Villa Maxhöhe als exquisites »Museum der Welt« die privaten Interessen des Bauherrn und das öffentliche Interesse verbinden. Nicht als Dauerbetrieb, aber zu festgelegten Zeiten wird die Villa Maxhöhe der Öffentlichkeit zugänglich sein; Konzerte, Vorträge sollen hier stattfinden. Die Villa will ein Forum bieten für Wissenschaftler aus aller Welt. Aber auch Feste aller Art sollen hier gefeiert werden. Ausgang und Ziel aller Aktivitäten auf der Maxhöhe für eine menschenwürdige Zukunft lassen sich in einen Begriff zusammenzufassen, in den der Lebenskunst.

Die »Liberalitas Bavarica«, wie sie die geistvollen Augustiner Chorherren in Polling bei Weilheim 1733 zum Wahlspruch über dem Portal der Stiftskirche erhoben, definiert sich, laut »Lexicon der Künste und Wissenschaften« (1721), als eine gute Mischung aus Verschwendung und Geiz: »Freygebigkeit, Liberalitas, Liberalité. Eine Tugend, nach welcher Geld und andere zeitliche Güter, in rechtem Maß, nach bewandten Umständen, anderen willig und gern mitgetheilet werden. Sie hat zum Grunde die Liebe des Nächsten, zur Richtschnur des Nächsten Bedürffniß und ihr eigenes Vermögen. Sie stehet in der Mitten zwischen dem Geitz und der Verschwendung.« Einfacher gesagt: Wer die »Spendiethosen« anhat, ist immer und überall für gewöhnlich gern gesehen. Und für gewöhnlich ist es auch keine Schande, sich eine Spendenquittung ausstellen zu lassen, weil man einer als gemeinnützig anerkannten Institution eine Gabe hat zukommen lassen. Der erfolgreiche Unternehmer Dr. h.c. Siegfried Genz hat in den zurückliegenden Jahren seit seiner Rückkehr nach Europa für zahlreiche Institutionen in Österreich und Deutschland Beträge in allen Größenordnungen zwischen einigen Tausend und mehreren Millionen Mark gespendet. Die »Deutsche Gesellschaft zur Rettung Schiffbrüchiger« ist dem passionierten Segler ein ebenso großes Anliegen wie die Freiwilligen Feuerwehren oder die Kirchen. Natürlich hat sich Genz in der Gemeinde Berg nach 20-jährigem Wirken als größter Grundbesitzer sowie als Neubürger in Innsbruck jeweils von seiner besten Seite zeigen wollen. Ob Ortschronik, Volkssternwarte, Kindergarten oder die Armen in Berg, das Landschulheim in Schondorf oder die Blindenmission, Behindertenwerkstätte, Jugendsportförderung in Tirol – viele Bedürftige wurden bedacht.

Neben dem sozialen Engagement ist Genz die kulturelle Förderung ein besonderes Anliegen. So wurde das erfolgreiche Buch des Kreisheimatpflegers Gerhard Schober »Frühe Villen und Landhäuser am Starnberger See« (1998) ebenso gefördert wie die Aktivitäten des »Thomas-Mann-Förderkreis München e. V.« (2000). Man kann sogar sagen, dass München die Renaissance der Bemühungen um den Nobelpreisträger Thomas Mann vor allem anderen der Spende von Siegfried Genz zu verdanken hat.

Mit seinen Spenden hat Genz gern besondere Signale gesetzt. Spektakulär war im Jahr 2000 seine Unterstützung des Sportvereins MTV Berg durch eine sensationelle Spende zum Bau einer neuen Sporthalle. Ziel war die Jugendförderung, und die einzige Bedingung war der Bau einer anhängenden kleinen Squash-Halle mit zwei Plätzen. Eine Million Mark gab es gleich auf die Hand, die restlichen neun Millionen sollten zu einem Zins von zwei Prozent über 50 Jahre zurückgezahlt werden. Dass dieses Vorhaben nach nur einem Jahr spektakulär scheitern konnte, dass kleinkariertes Vorstandsgebaren das Projekt zu Fall brachte, Genz seine Spendenzusage zurückzog und die dringend notwendige Sporthalle weiter auf sich warten lässt, ist für die Kommunalpolitik in Berg sicher kein Ruhmesblatt.

Selbstverständlich hat Genz in der Vergangenheit auch mehrmals politischen Parteien, die seiner Orientierung entsprachen, Spenden zukommen lassen. Die Unterstützung einer politischen Partei war in Deutschland bis vor wenigen Jahren eine Ehrensache, und der Ehrenmann und das Ehrenwort waren lange eins. Die großen demokratischen Parteien sind zudem als meinungs- und mehrheitsbildende Unternehmen, wie wir wissen, auf Spenden geradezu angewiesen, um ihre erheblichen Unkosten bestreiten zu können. Spenden dienen demnach der Demokratie, und zwischen Unterstützung und Käuflichkeit liegt gerade in der Politik die Grenze des Anstands. Treue ist sicher, wie in Schillers Ballade von der Bürgschaft, auch bei Spenden »kein leerer Wahn«, es ist nur die Frage, welchen Lebenswert man ihr zumisst. Die jüngste Affäre um eine Spende Genz' an einen Landtagsabgeordneten aus Berg hat die seit längerem bundesweit geführte Diskussion um Spenden an Politiker nun auch sensationssicher und auflagenfördernd in den Landkreis Starnberg getragen.

Außerhalb von Berg ist man dankbarer für die Spenden aus dem Hause Genz. Die Gemeinde Schwarzach im Odenwald, die Nachkriegsheimat der Familie Genz, freut sich seit 2001 über die zehn Tonnen schwere »Mörserglocke« im Freizeitpark. Vor dem König-Ludwig-Musical-Gebäude in Füssen läutet ebenfalls seit April 2001 jeden Abend um 18 Uhr die von Genz gespendete ebenso große »König-Ludwig-Glocke«, zeitgleich mit der Mörserglocke in Schwarzach. Im Frühjahr 2003 bekommt die Benediktiner-Abtei Niederaltaich an der Donau zwei Jahrhunderte nach der Säkularisation die damals verloren gegangene Glocke durch eine Spende aus dem Hause Genz ersetzt.

Es ist dem edlen Spender sicher nicht zu verdenken, dass er mit all diesen, die Gemeindegrenzen bewusst überschreitenden Aktivitäten ein wenig eigennützig auch darauf hofft, dass der von ihm auf der Maxhöhe errichtete »Mörserturm« mit der weltweit größten Sammlung von Mörsern aus mehr als 2000 Jahren und aus allen Teilen der Erde doch stehen bleiben darf. Der ebenso wie das Museum der alten Technik und andere noch geplante Kunstkammern durch neue Einschätzung der Lage genehmigungsfähige Bau könnte am guten Ende dank eines beiderseitigen besseren Einsehens vielleicht sogar zu einem segensreichen neuen Wahrzeichen werden: Vom preußischen Adler auf dem Bismarckturm zur goldenen Gans auf dem Mörserturm.

Ein »Schwarzbau« wird entfernt!

Schluss

Der Weg über die Maxhöhe und ihre Umgebung als Reise durch mehr als ein Jahrhundert am Starnberger See kommt ans Ende. Altes und Neues steht sich hier in selten spannungsvoller Mischung gegenüber. Die Entwicklungen auf dem Enzianhof und die Reaktionen darauf in der näheren und weiteren Nachbarschaft scheinen festgefahren. Nötig wäre ein runder Tisch, an dem sich alle versammeln könnten, denen Wohl und Wehe auf der Maxhöhe ein Anliegen sind und wo mit Hilfe kundiger Vermittler und Schlichter nach einem neuen Konsens gesucht werden müsste. Vielleicht lässt sich am Ende doch noch etwas machen aus den vielen Möglichkeiten, die sich dort oben bieten. Sollte dieses Buch ein wenig dazu beitragen, die Karten neu zu mischen, wäre das – auch im Hinblick auf die nächsten 100 Jahre – ganz im Sinn der Sache.

Dank

Der Dank für Mithilfe bei den Recherchen bzw. für die Erlaubnis zum Abdruck der jeweiligen Zitate und Bilder geht an Dietmar Borchardt (Emmering); Dorli Diehl (Karlsfeld); Dr. Sigrid Esche-Braunfels (München); Prof. Dietrich Fischer-Dieskau (Berg); Illi und Dieter Frommel (Kipfenberg-Schelldorf); Elisabeth Freifrau von Godin und Karin Freifrau von Godin (Maxhöhe); Erica Hägele-Jäckel (Leoni); Paul Heinemann (Starnberg); Dr. Sophie Hiedl (Maxhöhe); Prof. Dr. Erwin Hipp (Leoni); Dr. Gerhard Immler, Bayerisches Hauptstaatsarchiv, Geheimes Hausarchiv (München); Prof. Dr. Klaus W. Jonas (München); Dr. Norbert Karner (Leoni); Eberhard Köstler (Tutzing); Hans Rudolf Klein (Berg); Dr. Alexander Krause, Hochschule für Musik und Theater (München); © Karin Liedschulte (Castrop-Rauxel) für Fred Endrikat; © List Verlag (München) für Oskar Maria Graf; Charlotte Maier (Maxhöhe); Helmut Neumann (München); Werner Riechle (München); Dr. Lotte Roth-Wölfle (Vierkirchen); Hertha Rühmann (Berg); Stadtbibliothek München, Monacensia; Stadtmuseum München; Hartmut Lehmberg (Berg); Heimatmuseum Starnberg; Dr. Michael Stephan, Staatsarchiv München; Antonie Thomsen (München); Martin Wittermann (Weilheim); Dr. Joachim Wittkowski (Castrop-Rauxel); Johannes Zeitlmann (Starnberg).

Trotz intensiver Bemühungen konnten nicht alle Rechteinhaber ermittelt werden. Der Verlag erklärt sich bereit, berechtigte Ansprüche abzugelten.

Literatur

(Aufkirchen) Rambaldi, Karl Graf von: Geschichte der Pfarrei Aufkirchen am Würmsee. Festschrift zum 400jährigen Jubiläum der Pfarr- und Wallfahrtskirche. Historisch und statistisch dargestellt von Karl Graf v. Rambaldi unter Beihilfe des derzeitigen Pfarrers Josef Jost. Starnberg, Druck und Verlag von Frz. X. Gegenfurtner, 1900; Kesselring, Rainer: Mariä Himmelfahrt Aufkirchen am See. 500 Jahre Pfarr- und Wallfahrtskirche. Regensburg, Schnell & Steiner, 2000.

(Berg) Zimmermann, Ingrid: Erinnerung an einen weltoffenen König [Max II.]. In: Gemeinde Berg am Starnberger See, o. J. [vor 1994], S. 33. Gemeinde Berg (Hrsg): Klein, Hans Rudolf: Berg am Starnberger See mit seinen historischen Ortschaften. Band 1: Die Gemeinde Berg und die Hofmark Berg mit Aufkirchen; Band 2: Assenbuch. Assenhausen. Allmannshausen; Band 3: Höhenrain. Die Hofmark Biberkor. Sibichhausen; Band 4: Die Hofmarken Mörlbach und Bachhausen und der Sitz Auhausen. Berg, See Verlag, 1998.

(Bismarckturm) Der Bismarckturm am Starnbergersee. München, Verlag von Carl Haushalter, 1900. Reprint Gröger & Obst Gmbh, Berg, o. J. [nach 1990]; Franz von Lenbach 1836–1904. Kat. Ausst. Städtische Galerie im Lenbachhaus München, 1987, darin: Abbildungen der Entwurfsskizzen für den Bismarckturm, 1895, Nr. 217, S. 376 f.

(Dampfschiffe) Schober, Gerhard: Prunkschiffe auf dem Starnberger See. Eine Geschichte der Lustflotten bayerischer Herrscher. München, Süddeutscher Verlag, 1982; Schmidberger, Franz: Königl. Bayer. Dampfschiff »Tristan«. Beschreibung einer Rekonstruktion. In: Vom Einbaum zum Dampfschiff, Jahrbuch 3, 1983, S. 31–33; Widemann, Albert: König Ludwig II. von Bayern und die Schiffahrt. In: Vom Einbaum zum Dampfschiff, Jahrbuch 5, 1985, S. 100–105; Goldner, Johannes, Bahnmüller, Lisa und

Wilfried: Starnberger See. Freilassing, Pannonia-Verlag, 1992; Gedon, Brigitte: Lorenz Gedon. Kunst des Schönen. München, Nymphenburger Verlagshandlung, 1994.

Endrikat, Fred: Die lustige Arche. Eine Tierfibel für Jung und Alt. München, G. Hirth Verlag, 1935. Darin: Spucke im See (S. 16); Holzhacker wird sentimental (S. 47); Ders.: Liederliches und Lyrisches. Verse vom vergnüglichen Leben. Berlin, Buchwarte-Verlag, 1940. Darin: Kumpelsburg in Leoni (S. 28); Holzhacker wird sentimental (S. 31); Müßiggängers Abendgebet (S. 60), Silvesterfeier (S. 69). Ders.: Höchst weltliche Sündenfibel. Moralische und »unmoralische« Verse, ebd. Darin: Wochenbrevier (S. 15), Legende (S. 53); Ders.: Sündenfallobst. Verse zum fröhlichen Genießen. Berlin, Lothar Blanvalet Verlag, 1953. Darin: Enzian-Sinfonie (S. 25).

Endrikat, Fred: Konvolut von Briefen an Grete und Toni Rath, Augsburg, Berlin, Breslau, Leoni, Mannheim 1932 f. In: Antiquariat Hans Hammerstein, München, Katalog Nr. 31, Nr. 797.

(Endrikat) Anonym: Frau Baronin wohnt nebenan. Interview beim Schwimmen. Eine Säge lasst sich retten – Der Hackstock Gottlieb. In: Wanne-Eickeler Tageblatt, Nr. 214 vom 14. September 1961; Diehl, Walter: Die Künstlerkneipe »Simplicissimus«. Geschichte eines Münchner Kabaretts 1903 bis 1960. München, Buchendorfer Verlag, 1989; Kakuwo [d. i. Wolter, Karl Kurt]: Die Pappeln hinterm Siegestor. Pfaffenhofen, Ilmgau Verlag, 1969; Prévot, René: Kleiner Schwarm für Babylon. München, Verlag Braun & Schneider, 1954; Prosel, Theo: Fred Endrikat. Freistaat Schwabing. Erinnerungen des Simplwirts Theo Prosel. Mit Zeichnungen von Resl Prosel. München, Süddeutscher Verlag, 1951; Ringelnatz, Joachim: Briefe. Hrsg. von Walter Pape. Berlin, Henssel, 1988; Ude, Karl: Der fröhliche Diogenes. In: Welt und Wort. Literarische Monatsschrift, 15. Jg., 1960, S. 179; Valentin, Karl: Gedicht von Karl Valentin zum Abschied von Fred Endrikat 30. VI. 1937. In: Ders.: Sämtliche Werke, Bd. 6. Briefe. Hrsg. von Gerhard Gönner. München, Piper, 1991, S. 106 f., Anm. S. 385; Wittkowski, Joachim: Fred Endrikat. »Ein Himmelsstürmer bin ich nicht«: Kabarett zwischen Varieté und Propaganda. In: Wittkowski, Joachim

(Hrsg.): Lesarten Herne. 14. Autorenportraits. Herne, Schäfer, 2001 (Literatur im Ruhrgebiet, 1), S. 41–63.

(Flugzeuge am Starnberger See) Stadt Starnberg (Hrsg.): Heimatbuch der Stadt Starnberg. Bearbeitet von Otto Michael Knab, Hans Zellner und Hans Beigel. Starnberg, Josef Jägerhuber, 1972; Gröber, Roland: Do-X am Starnberger See. In: Vom Einbaum zum Dampfschiff, Jahrbuch 2, 1982, S. 74 f.

(Genz, Afrika) AIEP. Aeronautical Industrial Engineering and Project Management Co. Ltd., Kaduna, Nigeria, 1994; Remember. 30 Jahre Dornier in Nigeria 1965–1995. Daimler-Benz Aerospace / Dornier. Wessling, Lagos, Kaduna, 1995; Daimler-Benz Aerospace: Regional Aircraft News, Wessling, September 1995; Müller, Rolf: Sinnvolle Investition von Dornier in Afrika. In: Aero Revue, Nr. 12/1, Dez./Jan. 1997/98, S. 32 f.; Ders.: Dorniers Engagement in Afrika. In: Neue Zürcher Zeitung, Nr. 150, 2. Juli 1998, S. 74; Dornier Aviation Nigeria AIEP Ltd.: Customer Information 1979–1999; Nigeria on the way to the sky. Twenty Years. Dornier Aviation Nigeria AIEP Ltd. DANA. 1979–1999; Müller, Rolf: 20 Jahre Kaduna. Aero Revue, Nr. 7/8, Juli/August 1999, S. 7; Kirschstein, Horst: Drei Tage in Lagos. Afrika für Anfänger. Berg, Siegfried Genz Verlag, 2001; Nigeria. In: Der Fischer Weltalmanach 2002. Hrsg. von Dr. Mario von Baratta. Frankfurt am Main, Fischer Taschenbuch Verlag, Oktober 2001, Sp. 589–592.

(Genz, Energie-Projekt) Lehrnberg, Hartmut: Solon 2000. Wasserstoff-Hybrid-Fahrzeug. Energie-Projekt Berg, 1998; Die neue Mobilität im Kreislauf der Elemente. Energieprojekt Berg 1998. Video 30'18. Berg, GNT, Energieprojekt Berg, 1998; Peyrer, Alexander: Life Cycle Assessment – Ökobilanz alternativer Energiesysteme – Energieprojekt Berg. Magisterarbeit, Universität Innsbruck, April 2002.

(Genz, König-Ludwig-Glocke) Schweiggert, Alfons: Die große König-Ludwig-II.-Glocke auf der Maxhöhe in Berg am Starnberger See. Berg, Siegfried Genz Verlag, 2001; Heißerer, Dirk: Die König Ludwig II.-Glocke von Füssen. Rede zum Anläuten am 7. April 2001. In: Literatur in Bayern, H. 64, Juni 2001, S. 2–8.

(Genz, Mörserglocke) Heißerer, Dirk: Die Mörserglocke. Rede zum ersten Anläuten vor der Europa-Residenz von Siegfried Genz in Innsbruck zum Jahresausklang und Neujahr am 31. Dezember 2000 / 1. Januar 2001. Berg, Siegfried Genz Verlag, 2001; Heißerer, Helen (Redaktion): Die Schwarzacher Mörserglocke. Eine Dokumentation. Berg, Siegfried Genz Verlag, 2001.

(Genz, Mörsersammlung, Mörserturm) Genz, Siegfried (Hrsg.): Dubbe, B.: Die Mörsersammlung Ernst Genz. 1.000 Mörser aus 10 Jahrhunderten. Berg, Selbstverlag, Mai 1993; Fleiner, Fred: Der Mörserturm am Starnberger See. Eine einmalige museale Institution. In: Neue Zürcher Zeitung, Nr. 66, 20. März 1998, S. 20; Heißerer, Helen (Redaktion): Das Mörserturm-Museum von Berg am Starnberger See. Berg, Siegfried Genz Verlag, 2002 (Kunstkammern Maxhöhe: Nr. 1. Die Mörsersammlung).

Godin, Reinhard von: Das Grundstück der Tante Antoinette und ein bißchen Familiengeschichte derer von Godin. Typoskript, 24 S. (Privatbesitz).

Graf, Oskar Maria: Das Leben meiner Mutter. München, Verlag Kurt Desch [1946]. Neuausgabe München, Leipzig, List Verlag 1994 (Werkausgabe Band V, hrsg. von Wilfried F. Schoeller), darin besonders das Kapitel »Veränderungen«, S. 83–98 mit der Geschichte des Kastenjakl; Ders.: Die Firmung. Eine Bauerngeschichte. In: Münchner Post, Nr. 19, 24./25.1.1925, S. 2; Nr. 21, 27.1.1925, S. 2. Wiederabdruck in: Ders.: Größtenteils schimpflich. Von Halbstarken und Leuten, welche dieselben nicht leiden können mitgeteilt und verfaßt von Oskar Maria Graf, Provinzschriftsteller derzeit wohnhaft in New York, USA. München, Feder Verlag, 1962, S. 73–84. Erneut in: Autobiographische Schriften. Werkausgabe Band XIII, hrsg. von Wilfried F. Schoeller, München, Leipzig, List Verlag, 1994, S. 147–157; Ders.: Die Chronik von Flechting. Ein Dorfroman (1925). München, Deutscher Taschenbuch Verlag, 1988.

(Graf) Bauer, Gerhard: Gefangenschaft und Lebenslust. Oskar Maria Graf in seiner Zeit. München, Süddeutscher Verlag, 1987.

Gura, Eugen: Erinnerungen aus meinem Leben. Leipzig, Druck und Verlag von Breitkopf und Härtel, 1905.

(Gura) Braun, Alex: Eugen Gura. In: Ders.: Münchener Silhouetten nach dem Leben. Blätter zu Münchens Kunst- und Kulturgeschichte. Mit 40 bisher meist unveröffentlichten Selbstporträts und Bildern echter Meister. München, Georg W. Dietrich, Hofverleger, 1918, S. 144–149; Conrad, Michael Georg: Der Starnberger See. Einiges aus meinen Erinnerungen an Otto Julius Bierbaum. In: Otto Julius Bierbaum zum Gedächtnis. München, Georg Müller Verlag, 1912, S. 16–34, hier S. 23; Esche-Braunfels, Sigrid: Grabmal für den Sänger Eugen Gura, 1906/07. In: Dies.: Adolf von Hildebrand (1847–1921). Berlin, Deutscher Verlag für Kunstwissenschaft, 1993, S. 409 f.; Fischer-Dieskau, Dietrich: Zeit eines Lebens. Auf Fährtensuche. Stuttgart, München: Deutsche Verlags-Anstalt, 2000, S. 148; Hausegger, Hertha von: Eugen Gura und seine Erinnerungen. In: Süddeutsche Monatshefte, 3. Jg., H. 2, Februar 1906, S. 207–216; Hommel, Kurt: Die Separatvorstellungen vor König Ludwig II. von Bayern. Schauspiel. Oper. Ballett. München, Laokoon-Verlag, 1963, S. 255 ff.; Kalbeck, Max: Johannes Brahms III, 1. 1874–1881. Berlin, Deutsche Brahms-Gesellschaft, 1912; Münchner Neueste Nachrichten, Jg. 59, Nr. 399, Dienstag, 28. August 1906, S. 1 u 3 (Eugen Gura †); ebd., Nr. 402, Mittwoch, 29. August 1906, S. 4 (Bericht von der Trauerfeier); Wagner, Richard: Gesammelte Schriften und Dichtungen. Bd. 10. Leipzig, E. W. Fritzsch, 1883.

(Hackländer) Marbacher Magazin 81/1998. Friedrich Wilhelm Hackländer 1816–1877. Bearbeitet von Jutta Bendt und Heinrich Fischer. Mit einer Vorrede von Rolf Vollmann. In Zusammenarbeit mit dem Stadtarchiv Stuttgart. Marbach am Neckar, Deutsche Schillergesellschaft, 1998.

Heißerer, Dirk: Wo die Geister wandern. Eine Topographie der Schwabinger Bohème um 1900. München, Eugen Diederichs Verlag, 1993, ³1999; Ders.: Wellen, Wind und Dorfbanditen. Literarische Erkundungen am Starnberger See. München, Eugen Diederichs Verlag, 1995, ³1999; Heißerer, Dirk; Jung, Joachim: Ortsbeschreibung. Tafeln und Texte in Schwabing. Ein Erinnerungsprojekt. München, Anderland Verlag, 1998.

(Himbsel) Dürck-Kaulbach, Josefa: Erinnerungen an Wilhelm von Kaulbach und sein Haus. München, Delphin-Verlag, 1918, S. 56 f.; Kratzsch Klaus: Johann Ulrich Himbsel und seine Villa am Starnberger See. in:

F. Piel / J. Traeger (Hrsg.), Festschrift für Wolfgang Braunfels, Tübingen, E. Wasmuth, 1977, S. 201–213; Sterzinger, Sonja: Johann Ulrich Himbsel als Unternehmer: Die »Starnberger Eisenbahn- und Würmseedampfschiffahrts-Gesellschaft«. In: Pasinger Fabrik (Hrsg.): Ein Jahrhundert macht mobil! Von Pasing nach Augsburg, Memmingen, Starnberg und Herrsching. Vier Bahnlinien und ihre Bahnhöfe von 1839 bis heute. München, Buchendorfer Verlag, 1994; Sterzinger, Sonja; Gröber, Roland; Maucher, Paul: Johann Ulrich Himbsel (1787–1860). Architekt und Unternehmer in München. Gründer der Starnberger Eisenbahn und Dampfschiffahrt. München, Buchendorfer Verlag, 1999; Hipp, Erwin: Das Himbsel-Haus in Leoni am Starnberger See. Eine Dokumentation. Berg, Siegfried Genz Verlag, 2002.

(Maximilian II.) Dirrigl, Michael: Maximilian II., König von Bayern 1848–1864. Teil I und II. München, Hugendubel Verlag, 1984 (Das Kulturkönigtum der Wittelsbacher. Studien zur Literatur-, Kunst-, Kultur- und Geistesgeschichte Bayerns, Band II, S. 1768); Zimmermann, Ingrid: Gemeinde Berg am Starnberger See. Berg, o. J. Darin: Maxhöhe & Kreuzweg. Erinnerung an einen weltoffenen König [Maximilian II.].

Reimann, Hans: Quartett zu dritt. Alles andere als ein Roman. Berlin, Gustav Kiepenheuer Verlag, 1932; Ders.: Mein blaues Wunder. Lebensmosaik eines Humoristen. München, Paul List Verlag, 1959; Ders.: Reimann, Hans. In: Starnberger See-Stammbuch. Gesammelt und redigiert von Grunelia Grunelius. München, Ernst Heimeran Verlag, Ostern 1950, S. 72 ff.

(Reimann) Zuckmayer, Carl: Geheimreport. Hrsg. von Gunther Nickel und Johanna Schrön. Göttingen, Wallstein Verlag, 2002 (Zuckmayer-Schriften. Im Auftrag der Carl-Zuckmayer-Gesellschaft hrsg. von Gunther Nickel, Erwin Rotermund und Hans Wagener), S. 57–63, Anm. S. 241–248.

(Rottmannshöhe) Leicher, Alois, SJ: Von der Rottmannshöhe. Wolfratshausen, Buchdruckerei Schwankl, April 1965; Lechner, Theodor: Die Privat-Eisenbahnen in Bayern. Eine Betrachtung nach der geschichtlichen, technischen und wirtschaftlichen Seite. München und Berlin, Druck und Verlag von R. Oldenbourg, 1920; Hefti, Walter: Schienenseilbahnen in aller Welt. Schiefe Seilebenen, Standseilbahnen, Kabelbahnen. Basel, Stuttgart, Birkhäuser Verlag, 1975.

Rühmann, Heinz: Das war's. Erinnerungen. Berlin, Frankfurt/M., Wien, Ullstein, 1982.

(Rühmann) Kirst, H. H.; Forster, Mathias: Das große Heinz Rühmann Buch. Grünwald, Verlag Martin Greil, 1990; So ein Flegel (1934). Video-Film. München, BMG atlas pictures, 1996; Die Feuerzangenbowle (1944). Video-Film. München, Kinowelt, 1999.

Schaden, Adolph von: Neueste topographisch-statistisch-humoristische Beschreibung des Würm- oder Starnberger-Sees, seiner Ufer und interessanten Umgebung etc. München, E. A. Fleischmann, 1832.

Schlim, Jean Louis: Ludwigs Traum vom Fliegen ... und andere bayerische Flugphantasien. Oberhaching, Aviatic Verlag, 1995; Ders.: Ludwig II. Traum und Technik. München, Buchendorfer Verlag, 2001.

Schober, Gerhard: Bilder aus dem Fünf-Seen-Land. Starnberg, Landkreis Starnberg, 1979; Ders.: Frühe Villen und Landhäuser am Starnberger See. Zur Erinnerung an eine Kulturlandschaft. Waakirchen-Schaftlach, Oreos Verlag, 1998; Ders. (Hrsg.): Link, A.: Der Starnberger See und seine Umgebung vom Würmtal bis zum Alpenland. Faksimile-Neuauflage der 1879/80 im Verlag der Lentner'schen Buchhandlung in München erschienenen 6. Auflage. Neu herausgegeben und erläutert von Gerhard Schober. Gauting-Buchendorf, Oreos Verlag, o. J.

Steub, Ludwig: Das bayerische Hochland. München, Literarisch-artistische Anstalt der J. B. Cotta'schen Buchhandlung, 1860.

Westenrieder, Lorenz: Beschreibung des Wurm= oder Starenbergersees, und der umherliegenden Schlößer etc. samt einer Landkarte. München, 1784, bey Johann Baptist Strobel. Reprint: München, Süddeutscher Verlag, 1977.

Wolf, Georg Jacob: Die Münchnerin. Kultur- und Sittenbilder aus dem alten und neuen München. München, Franz Hanfstaengl, 1924.

Bildnachweise

Bayerische Seenschifffahrt, Starnberg: 38
Dietmar Borchardt, Emmering: 108
Walter Diehl: Die Künstlerkneipe »Simplicissimus«. Geschichte eines Münchner Kabaretts 1903 bis 1960. München, Buchendorfer Verlag, 1989, S. 51: 106
Roland Gröber: Do-X am Starnberger See. In: Vom Einbaum zum Dampfschiff, Jahrbuch 2, 1982, S. 75: 136
Sigrid Esche-Braunfels: Adolf von Hildebrand (1847–1921). Berlin, Deutscher Verlag für Kunstwissenschaft, 1993, S. 409: 80
Dipl.Ing. Dr. h. c. Siegfried Genz, Berg: 143
Eugen Gura: Erinnerungen aus meinem Leben. Leipzig, Druck und Verlag von Breitkopf und Härtel, 1905, Frontispiz: 58, geg. S. 96: 74, geg. S. 104: 76
Heimatmuseum Starnberg: 20, 30
Paul Heinemann, Starnberg: 50, 134, 135
Dr. Dirk Heißerer, München: 15, 17, 19, 25, 27, 28, 34, 35, 36, 37, 40, 48, 61, 116, 124, 130
Prof. Dr. Erwin Hipp, Leoni: 24, 31
H. H. Kirst; Forster, Mathias: Das große Heinz Rühmann Buch. Grünwald, Verlag Martin Greil, 1990: 130
Hartmut Lehmberg, Berg: S. 156
Charlotte Maier, Berg: 66
Helmut Neumann, München: 39
Staatsarchiv München: 14
Klaus Jürgen Seidel (Hrsg.): Das Prinzregententheater in München. Nürnberg, J. Schoierer, 1984, S. 123: 63
Werner Reichle, München: 84
Gerhard Schober: Bilder aus dem Fünf-Seen-Land. Starnberg, Landkreis Starnberg, 1979: 22, 23, 32
U. Skoruppa © BUNTE ILLUSTRIERTE: 132
Stadtmuseum München: 45
Kakuwo [d. i. Karl Kurt Wolter]: Die Pappeln hinterm Siegestor. Pfaffenhofen, Ilmgau Verlag, 1969: 115
Johannes Zeitlmann, Starnberg: Vor- und Nachsatz, 41, 46, 51, 53, 54, 55, 70, 77, 79, 86, 87, 93, 96, 97, 101, 113, 127, 140, 141, 142, 145, 149, 155

166

Register

168

Die Maxhöhe nach Osten, Juli 2002.